JN011276

現場で役立つ！

介護技術&
急変時対応
の知識

produced by **U-CAN** Learning Publications

この本の使い方

本書は、正しい身体介護や生活援助の手順と注意点、また、一次救命処置をはじめとする、いざというときにとるべき処置や注意点がコンパクトにまとまった一冊です。

第1章 介護の基本技術 (P.7～36)

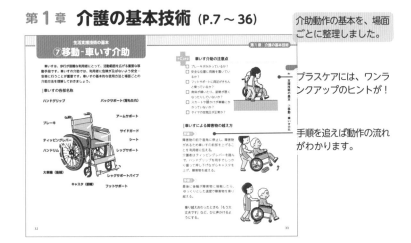

介助動作の基本を、場面ごとに整理しました。

プラスケアには、ワンランクアップのヒントが！

手順を追えば動作の流れがわかります。

第2章 状態別・疾患別介護技術 (P.37～122)

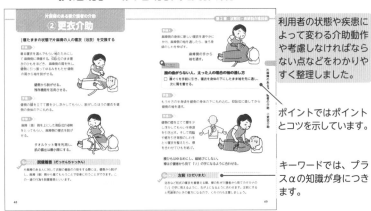

利用者の状態や疾患によって変わる介助動作や考慮しなければならない点などをわかりやすく整理しました。

ポイントではポイントとコツを示しています。

キーワードでは、プラスαの知識が身につきます。

第3章 急変時対応 (P.123〜146)

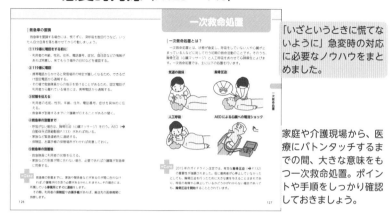

「いざというときに慌てないように」急変時の対応に必要なノウハウをまとめました。

家庭や介護現場から、医療にバトンタッチするまでの間、大きな意味をもつ一次救命処置。ポイントや手順をしっかり確認しておきましょう。

第4章 状態別・症状別急変時対応 (P.147〜181)

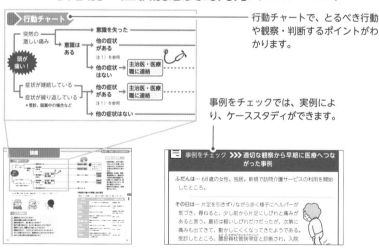

行動チャートで、とるべき行動や観察・判断するポイントがわかります。

事例をチェックでは、実例により、ケーススタディができます。

本書は『介護職従事者必携！2訂版 介護の現場で役立つ 介護技術＆急変時対応ハンドブック』を改訂増補したものです。

目次
Contents

この本の監修者

第1章・第2章　監修
- **前川美智子**　　　前・国際医療福祉大学　特任教授
- **浦尾和江**　　　　田園調布学園大学　教授

第3章・第4章・資料編　監修
- **秋山恵美子**　　　医療法人喜恵会

第1章

介護の基本技術

この章では、「尊厳の保持」と「自立支援」についての理解を深め、介護の基本について学びましょう。どのような状態にあってもその人の自立を尊重し、安全・安楽に援助できるように、適切な介護技術と知識を身につけます。

介護の基本

　　介護・福祉ニーズの多様化・高度化により、介護・福祉の現場では、より高い専門性が求められるようになっています。

　　そのためには、どのような状態であっても、その人の自立を尊重し、潜在能力を引き出したり、見守ったりすることも含めた適切な介護技術を用いて、安全・安楽に援助できる技術や知識を身につけ、生活を支援していくことが重要です。

　　まず、介護を行う際の基本を確認しておきましょう。

安全・安楽の確認

●介護の実施前後および実施中は、常に安全・安楽の確認を声に出して行います。
●転落・転倒・強打などにつながる危険な行為は避けます。
●片麻痺がある場合は、麻痺側（患側）を保護します。
●食事を安全で安楽に行うには姿勢が大切です。食事の介護を行う場合は姿勢を整えて誤嚥に注意します。

自立支援

●片麻痺がある場合は、健側を活用しましょう。残存機能を活用することで利用者の意欲を引き出すことにもつながります。

※麻痺のある手足はグレーで表しています。

個人の尊厳の保持

●行うすべての介護内容について**事前の説明**をし、**同意を得**ます。命令口調にならないよう言葉遣いにも気をつけながら声をかけ、介護を行いましょう。

●何もかもしてあげるのではなく、**利用者の選択や意思（自己決定）を尊重**するという姿勢が大切です。

ボディメカニクスの活用

●介護者の身体的負担軽減と腰痛の予防のためにボディメカニクスを活用しましょう。

【ボディメカニクスの基本】

☐ 支持基底面積を広く保ち、重心（へその下あたり）を低くする

支持基底面積が広いと身体が安定する。

狭い　　　　広い

重心

両足を開き、重心をその支持基底面の中に保つ。

支持基底面

☐ 身体をねじらず、肩と腰を平行に保つ

☐ てこの原理を応用する

☐ 利用者の身体をコンパクトにまとめる

介護の基本

▎コミュニケーション

●利用者は声かけによって、これから何が行われるかを知り、心の準備ができます。介護者が安全・安楽に介助を行うためにも**常に声かけをする**ことが大切です。

【声かけのポイント】

- ☐ 体調を確認する
- ☐ これから何を行うのか説明し、同意を得る
- ☐ どのように残存機能を活用するのか説明する
- ☐ なぜその方法をとるのか説明する
- ☐ 今、何を行っているのか説明する
- ☐ 安全・安楽の確認を行う

▎感染予防

●手洗いは重要な意味をもつ衛生管理法です。

手洗いの手順

手順① 石鹸をつけ、手のひらをよくこする。

手順② 手の甲を伸ばすようにこする。

手順③ 指先・爪の間を念入りにこする。

手順④ 指の間を洗う。

手順⑤ 親指と手のひらをねじり洗いする。

手順⑥ 手首も忘れずに洗う。

手順⑦ 十分に水で流しペーパータオルや清潔なタオルでよく拭き取って乾かす。

身体拘束の禁止

●かつては「やむを得ないこと」として利用者の身体拘束が行われてきましたが、介護保険制度の開始に伴い、利用者の権利やQOLを損なう危険性があることから**身体拘束は原則として禁止**となりました。次のような行為は、身体拘束に当たると、厚生労働省が定義しています。

【**身体拘束に当たる行為**】

□ 徘徊（はいかい）しないように、車いすやベッドなどに体幹や四肢をひも等で縛る

□ ベッドから転落しないように、体幹や四肢をひも等で縛る

□ ベッドから自分で降りられないように、ベッドを柵（さく）（サイドレール）で囲む

□ 点滴・経管栄養等のチューブを抜かないように、四肢を縛る

□ 点滴・経管栄養等のチューブを抜いたり、皮膚をかきむしったりしないように、手指の機能を制限するミトン型の手袋等をつける

□ 車いすやいすからずり落ちたり、立ち上がったりしないように、Y字型抑制帯や腰ベルト、車いすテーブルなどをとりつける

□ 立ち上がる能力のある人を立ち上がり動作を妨げるようないすに座らせる

□ 脱衣やおむつ外しをしないように、介護衣（つなぎ服）を着せる

□ 他人への迷惑行為を防ぐため、ベッドなどに、体幹や四肢をひも等で縛る

□ 行動を落ち着かせるために、過剰に向精神薬を服用させる

□ 自分の意思で開けられない居室等に隔離する

① 食事介助

　「食べ物を口から摂取する」ということは、ただ栄養を体内に取り入れるだけではなく、人間の生きる楽しみや喜びにつながる行為でもあります。また脳や身体にもさまざまな利点があるので、介護者は、利用者にできることを促し、食欲を引き出すような食事介助を心がけましょう。

口から食べることのメリット

- [ ] 食べ物の色や盛り付け、おいしそうな匂い、味、かむ音、かみ応えなどが、脳を通じて視覚や嗅覚、味覚、聴覚、触覚に刺激を与える

- [ ] 咀しゃく力や嚥下力を維持し鍛える

- [ ] 箸やスプーン、食器などを手指を使って持つため、運動機能の訓練にもなる

食事介助の基本

手順①

正しく配膳する。

食事の前に排泄を済ませる。
手や口腔内を清潔にし、身支度を済ませる。

【一汁三菜の並べ方】

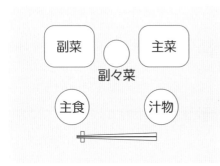

温かい物、冷たい物それぞれ適温で配膳する。
食器や盛り付けについても工夫する。

手順②

生活にメリハリをつけるため、寝る所と食べる所を別（寝食分離）にし、基本的には座位で食事をとる。

【食事の基本姿勢】

やや前傾姿勢になる

テーブルは肘の高さ

テーブルとの間はこぶし1つ分のスペース

深く腰をかける

床に足底がつく

股関節膝関節）90°程度

Point

誤嚥を防ぐため、姿勢が安定するように介助する。

- ☐ いすは、両足の裏がしっかりと床につく高さにする。
- ☐ 深く腰かけ、肘が置けるテーブルの高さとする。
- ☐ 両膝がテーブルの下に入っている。
- ☐ テーブルと利用者との間は、こぶし1つ分のスペースとする。
- ☐ 座ったときに膝関節・股関節の角度は90°程度とする。

手順③

介護者は利用者の斜め前方に位置する。利用者と同じ高さになるように座り、嚥下の状態を確認する。

口の中を湿らすために、最初にスープや汁物をとってもらう。

手順④

食後、お茶などの水分を勧めて口腔内をさっぱりさせる。

口腔ケアを行い、口腔内を清潔に保つ。

ベッド上での食事介助

食事の基本は「寝食分離」ですが、**体調の悪いときにはベッド上で食事をする場合があります。**

手順①

ベッドの上部を上げて座位にする。

上半身を起こして、少し前傾姿勢にする。
膝の下に当て物を置き、安楽な姿勢にする。
テーブルを近くに置く。

手順②

利用者が一人で食べることができるようであれば、見守る。

手順③

利用者の状態に応じて、魚の骨をとるなど、食べやすいよう介助する。
寝衣等を汚さないように配慮する。

手順④

食後に口腔内を清潔にする。

食事の際の摂食・嚥下メカニズム

　食べた物が胃に届くまでには、以下の摂食・嚥下メカニズムが働きます。

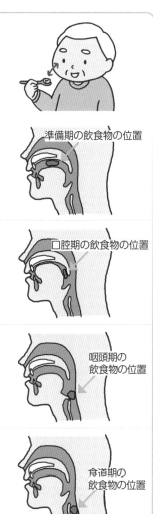

① 先行期

　飲食物の形や量、質などの認識

② 準備期

　飲食物をかみ砕き、飲み込みやすく食塊形成する
（咀しゃく）

準備期の飲食物の位置

③ 口腔期

　飲食物を口腔から咽頭へ送る
（嚥下）

口腔期の飲食物の位置

④ 咽頭期

　飲食物を咽頭から食道へ送る
（喉頭蓋〔気道の蓋〕が動き、気管が閉じる）

咽頭期の飲食物の位置

⑤ 食道期

　飲食物を食道から胃へ送る

食道期の飲食物の位置

誤嚥の予防

　咀しゃく・嚥下能力が低下している利用者は、食事中に食べ物の一部が誤って気道に入り（誤嚥）、窒息を起こしやすくなります。また、誤嚥性肺炎などを発症して生命にかかわる事態になることもあります。

誤嚥が起こりにくい姿勢

　食事を安全で安楽に行うためには姿勢が大切です。誤嚥しやすい利用者が座位の場合には、P.13のように**両足の裏がしっかりと床につく**ようなテーブルの高さ、距離に気をつけます。ベッド上で介助が必要な場合は、**上半身を15〜30°起こしたセミファーラー位**にし、**頸部前屈位**にします。頸部前屈位とは下顎と頸部の間に指が3本程度入る角度にした状態です。

　立った状態で食事介助すると利用者の視線が上向きになり、下顎が突き出て誤嚥の危険性があります。介護者は座って利用者と同じ高さで介助しましょう。

【咀しゃく・嚥下しにくい食べ物】

スポンジ状の物	カステラ、ケーキなど
練り製品	かまぼこ類
口の中に粘着しやすい物	海藻など

【誤嚥しやすい食べ物】

喉にくっつきやすい物	餅など
かみ切れない物	こんにゃく、しいたけ、イカ、タコなど
小さいのでそのままの状態で飲み込みやすい物	豆類
つるっと飲み込みやすい物	缶詰の桃など

水分の補給－脱水予防－

　成人の場合、人体の水分の保有量は約60％ですが、高齢者の場合は約50％と少なく、また渇中枢の低下により喉が渇いても水分をとろうとしなかったり、頻繁にトイレに行くことが気になり水分を控えたりするため、容易に**脱水**になります。

　脱水予防のためには、食事以外に1日約1000～1500mlの水分補給が必要です。**おやつのとき、散歩後、入浴後**など折に触れて水分をとってもらいます。水や汁物、ジュースでむせる場合は、**とろみ**をつけ、お茶ゼリーやフルーツゼリーにするなどの工夫をするとよいでしょう。

　尿量が少ない、口唇や舌の乾燥がみられる、食欲がない、ぼんやりしていて気力がないなどは要注意です。観察を十分行い、脱水を予防することが大切です。

手順①

水分を飲みやすい体位にする。

　座位の場合は、頭部がやや前傾し、足底を床につけた安定した座位とする。
　臥位の場合は、上体を起こし頭部が前傾姿勢になるよう枕やクッションで調整する。

手順②

好みの水分を補給する。

　水分でむせる場合はとろみをつける。

 Point

☐ 顔面に片麻痺がある場合は健側の口角から水分をとってもらう。

② 排泄介助

　排泄は、人間の尊厳につながる行為です。「下の世話だけはされたくない」これは多くの人が願うことです。他人に排泄の世話をしてもらうことは、とても辛く、人間としての尊厳を奪われるような気持ちになります。排泄介助においては、そのような心理面を配慮し、自立への支援、清潔の保持を心がけた支援が大切です。

▌排泄の姿勢

　寝たままの仰臥位で排便・排尿をしようとすると、尿の溜まる膀胱が尿道口より下になり、便の溜まる直腸も肛門より下になるため、重力の法則に反してしまい、困難です。また、直腸と肛門の角度が鋭角に保たれ、便が引っ掛かって出にくい状態です。

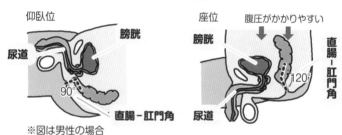

仰臥位　膀胱　尿道　90°　直腸－肛門角　※図は男性の場合

座位　腹圧がかかりやすい　膀胱　直腸－肛門角　120°　尿道

▌排便のしくみ

　排便は、便意があって、いきむことが必要です。

　前傾姿勢で足を開き、足を床につけ踵を浮かすことで腹筋を使っていきむことができます。寝た状態では腹筋を使って踏ん張ることができません。

前傾姿勢　腹筋の力　踵を少し上げる　床に足がつく

排便のタイミング

食事をすると、胃結腸反射が起こります。胃や腸が強く動き出しS状結腸から直腸に便が送り込まれ、便意が生じます。腹圧の弱い高齢者が自然排便を行うにはこのタイミングを逃さないようにし、便意を訴えたら「排便最優先」のケアが必要となります。

腸が
押し出す力

トイレで排泄することの意義

排泄は自律神経が司っています。トイレという密室ではプライバシーが保護され、ゆったりした気持ちになることで排泄が促されます。心理的にもトイレで排泄することは重要です。

【高齢者のための安全なトイレの例】

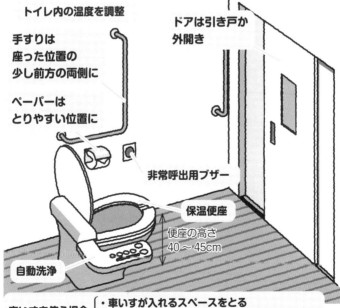

トイレ内の温度を調整

手すりは
座った位置の
少し前方の両側に

ペーパーは
とりやすい位置に

ドアは引き戸か
外開き

非常呼出用ブザー

保温便座

便座の高さ
40〜45cm

自動洗浄

車いすを使う場合 { ・車いすが入れるスペースをとる
・車いすの座面の高さと便座の高さを同じにする

生活支援技術の基本　②排泄介助

排泄介助の目安

　トイレまで移動可能で座位が保持できる場合は、トイレで排泄したいという本人の希望を大切にします。尿意・便意がない場合でも、個人の排泄パターンを確認し、トイレへの誘導を行うことが大切です。たとえ失禁があったとしても、失禁用パッドやリハビリ用パンツを活用し、排泄の自立支援を行います。

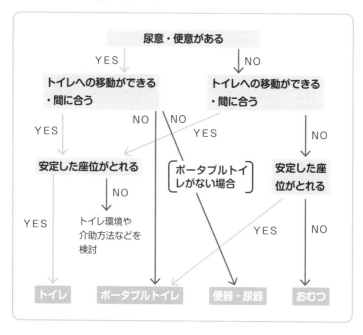

ポータブルトイレの介助

　トイレまでの移動が困難だったり、夜間トイレまで間に合わなかったりする場合などは、居室でポータブルトイレを使用します。カーテンやスクリーンを用いるなどしてプライバシーに配慮し、できる限り利用者のやり方で排泄できるよう工夫し、自尊心を損なうことがないよう援助します。（➡ポータブルトイレへの移乗 P.74）

臥床状態の場合の排泄介助（便器・尿器の使用）

手順①

スクリーンを置く。仰臥位にし、タオルケットをかける。腰から臀部にかけて防水布を敷く。

手順②

両膝を曲げて、腰を浮かしてもらいながら、下着やズボンを下ろす。ベッドに肘をつき（てこの原理）、腰を支え、もう一方の手で便器を差し込む。腰が上げられない場合は座布団などを横に置き、その上に腰が来るよう側臥位にし、便器を当てて仰臥位にする。

手順③

腹圧をかけて排便しやすいように上半身を上げる。
排便の際には排尿もあるので、女性の場合は、トイレットペーパーを恥骨部から会陰部に当て、手を添え、両膝頭をつけてもらう。男性の場合は、尿器も同時に使用する。タオルケットをかけ、利用者のそばにはベルや呼び鈴などを置き、排泄後に呼んでもらう。

手順④

排泄後、使い捨て手袋を着用し、陰部に雑菌が入らないように、**前から後ろ（臀部）**にかけて汚れを拭き取る。蒸しタオルと乾いたタオルで臀部を拭く。手袋を外す。下着、ズボンを整え、ベッドの高さを元に戻す。おしぼりを渡し手を拭いてもらう。スクリーンを取り除く。

+Care　　**紙おむつの当て方**

おむつを当てることで自尊心を傷つける可能性があるため、排泄介護においては、**最後の手段**と考えましょう。利用者の心理面を十分考慮し、**プライバシーに気をつけ**、手早く、的確に、清潔に行うよう心がけることが重要です。まず紙おむつの上端を腸骨部に当てます。さらに、鼠径部のギャザーは立てておきます。テープを止める際、図のように**下のテープは上に向け、上のテープは下に向ける**とすきまができにくく、漏れ防止になります。

③ 入浴介助

　入浴は、ただ身体をきれいに保つだけではなく、心身ともにリラックスできる大切な行為です。寝たきりの人であっても清拭だけに留めず、週に何回かは入浴できるように配慮しましょう。そのためには、安全で快適に入浴できる浴室環境をしっかりと整えておくことが必要です。

高齢者のための安全な浴室環境

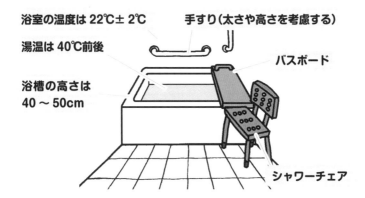

浴室の温度は 22℃± 2℃

手すり（太さや高さを考慮する）

湯温は 40℃前後

バスボード

浴槽の高さは
40 〜 50cm

シャワーチェア

【脱衣所での留意点】

いす	入浴後に腰かけて休めるようにする
ヒーター	冬場、脱衣所と浴室の温度差がないようにする
水分	入浴前後に水分補給ができるようにする

入浴介助の基本

手順①

入浴前に浴室の床やシャワーチェア全体に湯をかけておく。体調を確認する。入浴前に排泄を済ませてもらう。プライバシーに配慮しながら脱衣介助を行う。

手順② ≫

浴室のシャワーチェアに座ってもらい、シャワーの湯の温度を確認し、**心臓から遠いほうの足元から手、体幹へと全身に徐々に**湯をかけていく。

> 末梢から中枢へ徐々にお湯をかける。

手順③ ≫

身体を洗う場合、できるところは見守り、**洗い残しがあれば介助**する。**上半身から下半身の順**に洗う。臀部が洗いにくそうであれば、手すりをつかんで前傾姿勢をとってもらい、介護者が洗って流す。

手順④ ≫

全身を洗い終えたら、転倒を防ぐため**床の泡をよく流す**。

手順⑤ ≫

シャワーチェアから浴槽のふちやバスボードに移り、片麻痺がある場合は**健側の足から浴槽に入れてもらう**。麻痺側の足は介護者が膝関節を支え、入ってもらう。前傾姿勢で健側の膝を曲げながら、胸のあたりまで湯につかる。時間は**3〜5分程度**。

手順⑥ ≫

上がり湯をかけ脱衣所へ。身体を拭いて頭髪を乾かしたら、体調を確認し、**水分を補給し**てもらう。

> 手足は身体の中心部に向けて洗う。洗髪する際は、シャワーの温度に気をつけ、爪を立てないように指の腹で頭皮を洗う。
> ドライヤーは20cm程度離して髪を乾かす。

部分浴①足浴－ベッド上で行う場合－

入浴ができないときや足が冷えて眠れない場合に行います。

手順①

安楽な姿勢にする。

手順②

防水シーツの上にバスタオルを敷き、39℃くらいの湯を1/2程度入れた洗面器を置く。

手順③

踵を支え少しずつ湯をかけて湯加減を確認し、両足を入れる。
しばらく温めてからウォッシュクロスや軍手に石鹸をつけて洗う。特に指の間は丁寧に洗う。踵を支えて上げ、かけ湯をし、足をバスタオルの上に置く。

手順④

洗面器を取り除きバスタオルで足を拭く。特に指の間は十分に拭く。

部分浴②手浴－ベッド上で側臥位で行う場合－

手順①

安楽な体位にする。

手順②

防水シーツの上にバスタオルを敷き、39℃くらいの湯を1/2程度入れた洗面器を置く。

手順③

手を支え少しずつ湯をかけて湯加減を確認し、手を入れる。しばらく温めてからウォッシュクロスやガーゼに石鹸をつけて洗う。特に指の間は丁寧に洗う。手を支えて上げ、かけ湯をし、手をバスタオルの上に置く。

手順④

洗面器を取り除きバスタオルで手を拭く。特に指の間は十分に拭く。

清拭
せいしき

体調が悪く入浴やシャワー浴ができない場合は身体を拭きます。体力の消耗が大きいため、観察を十分行いながら部分清拭を行いましょう。

【清拭の基本】

☐ 四肢は末梢から中枢に向かって拭く
まっしょう

☐ 体幹は筋肉の走行に従って拭く

☐ 関節を支えながら拭く

☐ プライバシーに気をつけ、肌の露出を最小限にする

☐ 今、何を行っているのか説明する

清拭の方向

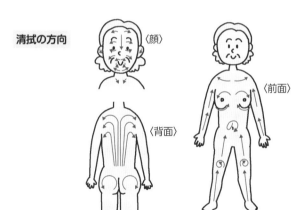

〈顔〉　〈前面〉　〈背面〉

+Care　**ウォッシュクロスの使い方**

ウォッシュクロスは、きちんと折り畳んで清拭します。**端が垂れて肌に当たると不快感を与える**ので注意しましょう。

④身支度-口腔ケア

口から食べることと同様に、口腔ケアは一生にわたって大事になるケアです。口腔ケアを怠ると、虫歯や歯周病だけではなく、摂食・嚥下障害や全身の健康にも大きな影響を及ぼすといわれています。

■ 口腔ケアを行うことのメリット

- □ 虫歯、歯周病、口臭を予防する
- □ 誤嚥性肺炎を予防する
- □ 歯周病による心疾患や糖尿病の進行を予防する
- □ 唾液の分泌を促進する
- □ 舌や粘膜の汚れを予防する
- □ 食欲を増進する
- □ 咀しゃく・嚥下を円滑にする
- □ 生活を活性化する
- □ 発語や発声をスムーズにする

口腔ケアの基本	口腔ケアの介助の際は、介護者は使い捨て手袋を着用する。

■ 歯磨き介助の方法

手順①

ぶくぶくうがいをするよう促す。歯みがき粉を使用する場合は、1cmくらい歯ブラシに乗せる。歯ブラシは鉛筆を持つように持つ（ペングリップ）。

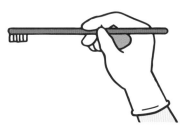

手順②

歯ブラシの毛先を歯面に対して90°、歯肉溝は45°の角度で当てる。

90°　　45°

手順③ ≫

一歯ずつ小刻みに20回程度動かす。

　磨き残しやすい奥歯の奥や溝等
　は歯ブラシの先端部を、前歯の
　裏側は歯ブラシの付け根を使う
　など工夫する。
　歯間ブラシやデンタルフロスを用
　いることでより効果的なブラッ
　シングを行うことができる。

手順④ ≫

磨き終わったら水またはぬるま湯で
よくうがいをしてもらう。

口腔内の清拭法

手順① ≫

義歯を入れている場合は、**下義歯を
外してから上義歯を外す**。スポンジ
ブラシやガーゼ等を湿らせて口腔内
を拭く。

手順② ≫

水などを入れたコップに、スポンジ
ブラシ等を入れ、液が垂れない程度
にしぼる。細菌が喉の奥に入らない
ように、**奥から手前へ**向かって拭い
ていく。片麻痺があると麻痺側の口
腔に汚れが溜まりやすいため、**麻痺
側を念入りに拭く**。

生活支援技術の基本　④身支度・口腔ケア

【スポンジブラシの使用例】

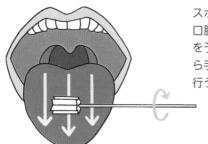

スポンジブラシを用いた口腔粘膜の清掃は、誤嚥を予防するために、奥から手前にかきだすように行う。

舌の表面や、頬の内側のネバネバとした粘膜なども拭き取るが、デリケートな部位なので、ゴシゴシこすらないようにする。舌苔がある場合は、舌ブラシで拭く。

手順❸

義歯を外した場合、流水で義歯用歯ブラシでこすりながら洗浄する。
利用者の口腔に上義歯、下義歯の順に装着する。
夜間は義歯を洗浄した後、専用の蓋つき容器に清潔な水や義歯洗浄剤を入れ、浸して保管する。

⑤身支度-衣服の着脱介助

　寝たきりだからといって、一日中寝間着でいることは精神衛生上良いことではありません。たとえベッドの上で過ごすことが多くても、朝目覚めたら必ず寝間着から衣服に着替えてもらいましょう。一日の生活にメリハリが生まれ、気分転換にもなります。また、襟（えり）を整えたりボタンを留めたりと、利用者ができるところは行ってもらうことで手指の機能訓練にも役立ちます。

衣服の着脱介助の基本

●衣服の着脱を利用者に伝えてから、好みの衣服を選んでもらう。

●ついたてを置いたり、バスタオルを身体にかけたりして、プライバシーを気遣う。

●本人ができることは自分で行ってもらい、できないことをサポートする。

●麻痺がある場合、利用者の負担を減らすために健側（けんそく）から脱ぎ、麻痺側（患側（かんそく））から着てもらう（➡脱健着患（だっけんちゃっかん）P.48）。

●脱いだときに、皮膚のかぶれや傷などがないかを観察する。

高齢者や障害者に適した衣服

●寝間着は、汗（あせ）や垢（あか）、皮膚などの汚れを吸収しやすく肌触りもよい綿が最適。

●寝たきりの場合は介護者が介護しやすく、着脱しやすいもので、褥瘡（じょく）ができにくいものが最適。褥瘡防止には、背縫（せ）いがなく、肌ざわりがよく、ゆったりしたものが最適。

●寝たきりや麻痺のある場合には、前開きや面ファスナー、ホックなど着脱しやすい衣類が最適。

●衣類の素材は、静電気や、皮膚がかゆくなるような化繊などの生地は避ける。吸湿性の高いものが最適。

⑥ 体位変換

　長時間同じ姿勢で寝ていると、身体の同じ部位に圧がかかって血行障害を起こし、褥瘡なども生じてしまいます。寝たきり状態で長時間過ごす場合は、定期的に体位変換を行いましょう。

体位変換の目的と効果

☐ 同じ姿勢でいることの苦痛を軽減する

☐ 褥瘡を予防する

☐ 拘縮・変形を予防する

☐ 神経麻痺などを予防する

☐ 胸郭が広がって肺の拡張を促進し、呼吸をしやすくする

☐ 排痰をしやすくする

☐ 血栓や全身のむくみを予防する

☐ 内臓の動きを促進する

仰臥位から側臥位への体位変換

手順①

ベッドの中央で安全に安楽に側臥位になれるようベッドの片側に寄せる。

手順②

利用者の顔を介護者側に向け、枕を介護者側へ寄せるよう促す。側臥位になったとき下になるほうの手を胸の上に、他方の手をその上に組むように促す。トルクの原理を応用し、両膝をできるだけ高く曲げてもらったら、利用者の肩と両膝を支える。

Keyword　トルクの原理

重心から作用点までの距離が長いほど少ない力で回転力が得られる。

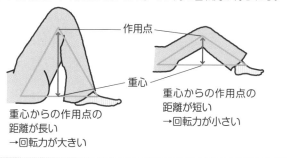

作用点

重心

重心からの作用点の
距離が短い
→回転力が小さい

重心からの作用点の
距離が長い
→回転力が大きい

手順③

膝から倒し、骨盤を回転させながら肩を押し上げる。

手順④

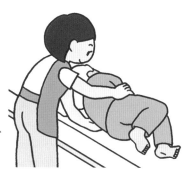

介護者は利用者の後ろに位置する。利用者には**腰を後ろに押し出すよう促し**、支えている腸骨のベッド側を水平に引き、他方を軽く前方に押し、「**く**」**の字型の側臥位**とする。安楽な体位になるように確認をとりながら、上下肢の下に安楽枕を当てる。

Keyword　腸骨の位置

腸骨とは、腰周辺の一般的に「骨盤」といわれる部分を構成している骨のなかで最も大きな骨（➡P.184の図参照）。**へその下あたりのラインに沿って左右それぞれ骨が出っぱっているところが腸骨の上端にあたる。**

⑦移動-車いす介助

　車いすは、歩行が困難な利用者にとって、活動範囲を広げる重要な移動手段です。車いすの介助では、利用者に危険が及ばないよう安全・安楽に行うことが重要です。車いすの基本的な使用方法と場面ごとの介助方法を理解しておきましょう。

車いすの各部名称

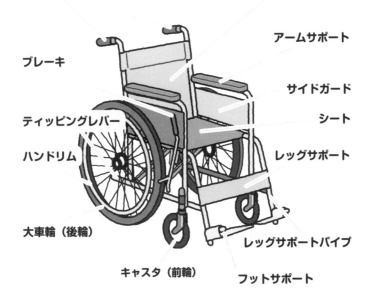

ハンドグリップ

バックサポート（背もたれ）

アームサポート

ブレーキ

サイドガード

ティッピングレバー

シート

ハンドリム

レッグサポート

大車輪（後輪）

レッグサポートパイプ

キャスタ（前輪）

フットサポート

+Care　車いす介助の注意点

- ☐ ブレーキがかかっているか？
- ☐ 安全な位置に両腕を置いているか？
- ☐ フットサポートに両足がきちんと乗っているか？
- ☐ 身体が傾いたり、姿勢が悪くなったりしていないか？
- ☐ スカートや膝かけが車輪にかかっていないか？
- ☐ タイヤの空気圧が正常か？

車いすによる障害物の越え方

手順①

障害物の前で**直角に停止**し、障害物があるため車いすの前部を上げることを**利用者に伝える**。
介護者は**ティッピングレバーを踏ん**で、ハンドグリップを両手でしっかり握って押し下げながらキャスタを上げ、障害物を越える。

手順②

最後に後輪が障害物に接触したら、**ゆっくりとした速度**で障害物を乗り越える。

乗り越えおわったときも「もう大丈夫です」など、ひと声かけるようにする。

坂道および砂利道（不整地）の車いす介助

【坂道を上る場合】
ゆっくり上ることを利用者に伝えたら、介護者はハンドグリップを握り、身体を少し前傾させながら押す。急こう配の坂道であれば、**押し戻されないように脇を締めて、**ゆっくりと押す。

【坂道を下る場合】
緩やかな坂道であれば、**利用者の身体が前方へずれないように注意**しながら前向きにゆっくりと押す。急こう配であれば、利用者に**後ろ向きで下る**ことを伝え、下る方向を確認し、ゆっくりと車いすを引いていく。

【砂利道や不整地を進む場合】
道が悪いため、**車いすの前部を上げて押す**ことを利用者に伝え、キャスタを上げながらバランスを崩さないように押していく。あるいは後ろ向きで引いていく。

段差および溝を越える場合の車いす介助

【段差を上る場合】

段差の前で直角に止める。段があるため、車いすの前部を少し上げることを利用者に伝えたら、**ティッピングレバーを踏みながらキャスタを上げて段に乗せて進み、後輪は押し上げる。**

【段差を下りる場合】

段差の前で一度止め、段があるため、**後ろ向きに下りる**ことを利用者に伝える。後ろ向きになり、後輪を段の下に下ろし、ティッピングレバーを踏んでキャスタを上げたままゆっくりと引く。

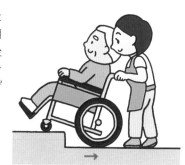

【溝を越える場合】

溝があるため、**車いすの前部を上げる**ことを利用者に伝えたら、キャスタを上げ、そのまま前進し、溝を越えたらキャスタを下ろす。**前輪を浮かせて前進し、溝を越えたら前輪を下ろす。**

⑧移動−杖歩行

麻痺の有無にかかわらず、杖を使用している利用者の歩行介助を行う前には、利用者の使っている杖の点検を必ず行いましょう。

杖の点検ポイント

杖の高さ	地面から大転子までの高さ、あるいは杖の先端を足から15cm離して持ち、肘の角度が150°くらいになる高さのものであること。
杖の先端のゴム	すり減っていないこと。
グリップ	手にしっかりフィットし、持ちやすいものであること。

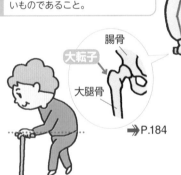

腰の曲がった高齢者の場合は、曲がった姿勢で杖の長さを決める。

腸骨
大転子
大腿骨

➡P.184

150°

15cm

➡P.184

+Care **T字型杖の正しい握り方**

T字型杖は、T字の部分が**短いほうに親指側**が、少し**長いほうに小指側**がくるようにして握ります。人差し指と中指で支柱を挟むようにして握るか、人差し指を伸ばして支柱に添えるようにして握ると安定しやすくなります。向きを間違えないようにしましょう。

第2章

状態別・疾患別 介護技術

運動機能障害がある場合、症状や麻痺している部分の違いによって、介護の方法やポイントが変わってきます。

この章では麻痺の程度や疾患によって異なる介助の方法を、それぞれの特徴を押さえてみていきましょう。

運動機能障害

運動機能障害は肢体不自由ともよばれ、先天的または後天的要因により、動作に関係する運動器官に何らかの障害を負うことをいいます。

運動機能障害とは

具体的な運動機能障害には次のようなものがあります。

切断や先天性欠損などによる四肢の欠損	
筋力の異常な低下	筋ジストロフィー、脊髄損傷など
運動・動作の協調が悪く、ふらふらしてしまう	脊髄小脳変性症など
自分の意思とは関係なく手足が動いてしまう不随意運動	脳性麻痺（アテトーゼ型）など
筋肉の緊張により、手足が突っ張る	脳性麻痺（痙直型）など
麻痺や関節拘縮などにより、手足が動かせなくなる	脳血管障害など
関節の動きが悪くなり、関節拘縮や変形が起こる	関節リウマチなど
背骨が曲がったり、関節が固まったりするなどの変形	関節リウマチなど

運動機能障害は脳に損傷を受けたことが原因か、そうでないかによって症状に違いがあります。脳損傷に起因する場合は、主症状である肢体不自由に加え、感覚・知覚障害、知的障害、言語障害、てんかん発作など随伴障害を引き起こす傾向が一般的に高いといわれています。

麻痺

　麻痺とは、**筋肉や神経が障害のために動かなくなった状態**のことで、運動麻痺や知覚麻痺（感覚麻痺）があります。

【麻痺の部位による分類】

四肢麻痺	頸髄損傷や脳性麻痺などでみられる両上肢および両下肢の麻痺。上肢のほうが重度のものを両側片麻痺、下肢のほうが重度のものを両麻痺という
片麻痺	身体の片側の麻痺
対麻痺	両下肢の麻痺。脊髄（胸髄、腰髄）損傷によるものが多い
三肢麻痺	四肢のうち、いずれか三肢の麻痺
単麻痺	四肢のうち、一肢の麻痺

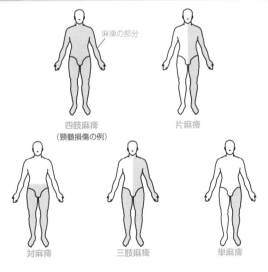

麻痺の部分

四肢麻痺
（頸髄損傷の例）

片麻痺

対麻痺

三肢麻痺

単麻痺

片麻痺
(かたまひ)

片麻痺の原因

片麻痺が起こる原因は次のようにさまざまです。

□脳梗塞（のうこうそく）　□脳出血（のうしゅっけつ）　□脳卒中　□くも膜下出血　□硬膜下血腫（こうまくかけっしゅ）
□脳腫瘍（のうしゅよう）　□多発性硬化症　　□ベーチェット病　□日本脳炎
□筋萎縮性側索硬化症（きんいしゅくせいそくさくこうかしょう）□脊髄の損傷（せきずい）　など

　片麻痺は、その大半が急性の症状を呈しますが、まれに症状がゆっくりと出てくる場合もあります。以下に片麻痺の主な症状を挙げています。特に脳の前頭葉（ぜんとうよう）に障害を受けると、物の名称や出来事を忘れたり、作話（さくわ）、妄想などが生じたりすることもあります。また、自ら話したり、笑ったり、行動したりすることが少なくなり、表情も乏しくなります。

片麻痺の主な症状

●視覚障害：複視＝物が二重に見える、視野欠損＝視野の一部が欠けて見える、失認＝空間の把握ができない
●眼球運動障害：眼振など
●運動障害：バランスがとれない、手指が動かない、拘縮（こうしゅく）、立位・座位（い）・歩行が困難、嚥下障害（えんげ）など
●言語障害：失語＝言葉が出てこないなど
●感覚障害：覚醒・自発性の低下、しびれ、失行＝物事の順序ややり方がわからなくなるなど
●排泄機能障害：尿閉（にょうへい）＝尿が出なくなる、頻尿（ひんにょう）＝1日の排尿回数が多くなる、尿失禁、便失禁など

＋Care　片麻痺の人の身体的・精神的な特徴

　大脳の右側部分に損傷を受けた場合、性格が変容することがあります。右脳は情緒や直感力を司っている場所だからです。そのため、今までとても穏やかで明るかった人が、乱暴になったり、鬱（うつ）の症状をみせたりすることがあります。歩き方においては、筋肉が緊張して手足に拘縮が生じたり、膝関節（しつかんせつ）が曲がりにくくなるために歩幅が小さくなったり、内反尖足がみられたりすることもあるので、毎日のリハビリがとても重要です。

脊髄損傷

脊髄損傷の原因と症状

脊髄とは、背骨の中を走る白色の索状帯で、脳幹の下端から背骨の一番下（脊柱）まで続いています。脊髄が何らかの損傷を受けると、主に痛み、**しびれ**、**運動障害**、**膀胱や直腸の障害**、**筋力の低下**、**知覚障害**などの症状が生じます。

また、損傷の度合いによって「**完全麻痺**」と「**不全麻痺**」があり、完全麻痺になると、下肢をまったく動かすことができず、感覚もなくなります。**不全麻痺**の場合には、残った機能を活かし、自分でできることを維持したり増やしたりするためにリハビリテーションに力を入れることが大切です。

脊髄損傷のレベルと ADL（日常生活動作）

脊髄損傷の度合いは、以下の「フランケル分類」で分けられています。これは、1969年にフランケルという学者が**脊髄損傷の機能障害および歩行能力**を評価・分類したもので、それ以後、広く用いられている評価法です。

【フランケル分類】

A	完全麻痺	損傷高位以下の運動知覚完全麻痺
B	知覚のみ	運動完全麻痺で、知覚のみある程度保存
C	運動不全	損傷高位以下の筋力は少しあるが、実用性がない
D	運動あり	損傷高位以下の筋力の実用性がある。補助具の要否にかかわらず歩行可能
E	回復	筋力弱化なく、知覚障害なく、括約筋障害なし、反射の異常はあってもよい

運動機能障害

脊髄損傷の人に多い起立性低血圧

脊髄を損傷している人は、**起立性低血圧の発生率が高い**とされます。自律神経機能に障害が起こり、血流が悪くなるためです。急に起き上がると脳に血液が行き届かず、脳貧血状態になりやすいので、介護者は、脊髄損傷の人の体位の変換や移乗のときは上体の起こし方や頭の向きの変え方などに十分注意し、ゆっくりと行いましょう。

車いす使用中に起立性低血圧が起きた際の対処法

介護者が車いすを後方に傾け、頭部を心臓と同じ高さにする。

▌頸髄損傷の人の場合

頸髄損傷とは「高位脊髄損傷」ともいい、頸椎、胸椎、脊髄の上のほうに損傷を受けた状態を指します。**損傷部位が脳に近いほど障害が重くなる**とされます。

頸髄の中心には上半身を通る神経が集まっており、「中心性頸髄損傷」になると、手のしびれ、麻痺、激痛などが続くことがあります。また、慢性期になると、本人の意思とは関係なく筋肉が拘縮したり、痙攣を起こしたりすることもあります。

【頸髄損傷の人の症状と介助】

☐ 箸が使えない

☐ 字が書けない

☐ 車いすや自助具が必要となる

☐ 呼吸筋の麻痺により、人工呼吸器が必要となる

☐ 排便や排尿などの排泄機能の障害により、おむつや導尿が必要となる

□ 自律神経系も障害を受けるため、代謝の不活発、免疫力の低下、けがや風邪の回復が遅い、多汗になる、体温調節の不具合など

□ 血行不良のために褥瘡になりやすいので、体位変換と皮膚の観察をまめに行う

胸髄以下の損傷の人の場合

胸髄以下の損傷とは、胸部、腰部、仙骨の部位などに損傷を受けている状態のことです。その場合、両下肢の麻痺（対麻痺）を生じます。

【胸髄以下の損傷の人の症状と介助】

□ ある程度歩行できる人もいるが、ほとんどは車いすを使用

□ 痛み、しびれ、呼吸困難などを軽減させる

□ 排尿・排便のケア

□ 関節の拘縮や可動域が狭まるために、捻挫、靱帯炎、骨折が多くなるので、移動や移乗に特に注意する

□ 中心性頸髄損傷の人と同様、自律神経にも障害を受けるため、起立性低血圧を起こしやすくなるので、急な移動や移乗に注意する

□ 血行不良のために褥瘡になりやすいので、体位変換と皮膚の観察をまめに行う

+Care　電動車いすの操作を理解しておく

電動車いすは、脊髄を損傷した歩行困難な高齢者や障害者などの足として役立つ福祉用具です。電気で動き、**ジョイスティック**とよばれるレバーを、自分で握ったり口にくわえたりして操作でき、人工呼吸器なども搭載できます。しかし一方で、電動車いすを利用する高齢者の交通事故も発生しているため、**介護者も、その操作方法をきちんと知っておく**必要があります。

運動機能障害

43

関節リウマチ

関節リウマチの原因と症状

　関節リウマチの原因は不明で、多くは女性にみられる疾患です。主に関節に炎症を生じ、痛みと腫れを引き起こします。「自己免疫異常疾患」ともいわれ、膠原病（こうげんびょう）の一種ともされます。手や指の関節から始まって、徐々に手首、肩、膝（ひざ）、足首などにも症状が現れます。

関節リウマチの主な症状

初期 発熱、めまい、貧血、倦怠感（けんたいかん）、皮膚乾燥など
進行時 指の強直、変形、関節痛、腫れ、しびれなど

【関節リウマチにみられる指の変形各種】

ボタン穴変形	手指の第二関節が内側に、第一関節が外側に反ってしまう。
スワンネック変形	手指の第二関節が外側に、第一関節が内側に屈曲してしまう。
指尺側偏位（ししゃくそくへんい）	手の親指以外の4本の指の付け根の関節が小指側に傾いてしまう。
外反母趾（がいはんぼし）	足の親指の関節を固定する筋や靱帯（じんたい）が伸びて脱臼（だっきゅう）し、隣の指の下に入ってしまう。

ボタン穴変形

スワンネック変形

パーキンソン病

パーキンソン病の原因と症状

　「パーキンソン病」とは、脳の中の神経伝達物質「ドーパミン」が著しく減少することにより、全身の運動神経に障害を起こす疾患です。運動障害は、次のようなさまざまな症状を伴います。

運動機能障害

【パーキンソン病の主な症状】

□抑鬱気分　　　□振戦（身体の震え）　□筋固縮（筋肉の強直）
□無動・寡動　　□姿勢反射障害　　　　□便秘　□言語障害
□嚥下障害　　　□歩行障害（関節の硬直、すり足、小股歩行）
□寝たきり　など

【ホーン・ヤールの重症度分類（進行度）】

※異常運動疾患調査研究班

	ホーン・ヤールの重症度分類	生活機能障害度※	
1度	一側性障害で身体の片側だけの振戦、固縮を示す。軽症例である	1度	日常生活、通院にほとんど介助を要さない
2度	両側性の障害で、姿勢の変化がかなり明確となり、振戦、固縮、寡動～無動とも両側にあるため日常生活がやや不便である		
3度	明らかな歩行障害がみられ、方向変換の不安定など身体のバランスの障害がある。ADLの障害もかなり進み、突進現象もはっきりとみられる	2度	日常生活、通院に介助を要する
4度	起立や歩行などADLの低下が著しく、労働能力は失われる		
5度	完全な廃疾状態で、介助による車いす移動または寝たきりとなる	3度	日常生活に全面的な介助を要し、歩行、起立不能である

注：厚生労働省特定疾患対策の治療対象疾患として認定されるのは、ホーン・ヤールの重症度分類３度以上、生活機能障害度２度以上である。

①食事介助

片麻痺の人の食事介助の基本

　片麻痺の人の食事介助において最も注意しなくてはいけないのが、咀しゃくや嚥下です。麻痺によって咀しゃく機能や嚥下力が衰えているため、食べた物や食べかすが麻痺側に溜まりやすくなります。

　食事介助の際には次のポイントに気をつけましょう。

【片麻痺の人の食事の姿勢】

食卓のいすに移乗してもらう。

足が床にしっかりとつくようにし、前傾姿勢で顎を引く。

健側の手で持てる自助具を用意する。

麻痺側の手はテーブルに乗せて安定した姿勢で食べる。

患側の口腔を確認する

食事のときには、利用者の**麻痺側の口腔に食べ物が溜まっていないか**を確認しましょう。片麻痺の人は麻痺側に食べ物が溜まりやすく、さらに上手に飲み込むことができないため、誤って気道へ入ってしまい、誤嚥性肺炎の原因となります。**食べ終わった後に口腔内のケア**を心がける必要があります。

片麻痺の人の食事介助の注意点

　食事介助の際はできるだけ本人が食べやすい道具を活用しましょう。汁物でむせる、飲み込みが悪いなどの場合には、**とろみをつけたり、食事の形態を考えたりする**必要があります。

【片麻痺の人のための食事の自助具の例】

●カフ付きスプーン
　４本の指にカフがかけられるため、手にしっかり固定できる
●すくいやすい食器
　少し傾きや角度がついていて、食物がすくいやすくなっている
●バネ付き箸
　箸先が固定されていたり、２本の箸がつながっていたりしてつまみやすい
●滑り止めマット
　表面がゴムなどの滑りにくい素材になっている

片麻痺のある要介護者の介助　① 食事介助

Keyword **スプーン一杯の量**

スプーンでの介助では、基本的にはスプーンは口唇の2/3くらいの幅で、くぼみのあまり深くないものを使いましょう。スプーンの前半分から2/3くらいの量を盛り、その盛ったところまでを口に入れると食べやすい量といえます。利用者の下唇にのせ、口唇を閉じたらスプーンをまっすぐ引きぬきます。

②更衣介助

寝たままの状態で片麻痺の人の寝衣（浴衣）を交換する

手順①

着る寝衣を選んでもらい袖たたみにして**麻痺側に準備する**。仰臥位のまま寝衣のひもをほどき、**麻痺側の肩を外し**、健側に引っ張ってゆるみをもたせ**健側の肩から袖を脱がせる**。

健側から脱がせる。
残存機能を活用させる。

手順②

健側の膝を立てて腰を少し浮かしてもらい、脱がしたほうの寝衣を健側の身体の下に丸める。

手順③

麻痺（患）側を上にした側臥位の姿勢をとってもらい、麻痺側の寝衣を脱がせる。

タオルケット等を利用し、
肌の露出は最小限にする。

Keyword 脱健着患（だっけんちゃっかん）

片麻痺のある人に対して衣服の着脱の介助をする際には、健側から脱がし、麻痺（患）側から着てもらうことで安楽に行うことができます。この一連の行為を脱健着患といいます。

手順④

麻痺側の身体に新しい寝衣を速やかにかけ、麻痺側の袖を通したら、後ろ身頃のしわを伸ばす。

麻痺側の手から袖を通す。

Point

腕の曲がらない人、太った人の場合の袖の通し方

☐ 襟ぐりを手前に引き、寝衣を身体の下にしたまま袖を先に通し、次に肩を着せる。

手順⑤

もう片方の半身頃を健側の身体の下に丸め込む。仰臥位に直してから健側の袖を通す。

手順⑥

健側の膝を立てて腰を少し浮かしてもらい半身頃を引き出す。そして両脇や裾を引き背部のしわをとり寝衣を整えたら、襟を合わせてひもを結ぶ。

腰ひもはゆるめにし、縦結びにしない。
襟は介護者から見て「ソ」の字になるように合わせる。

Keyword **右前（みぎまえ）・左前（ひだりまえ）**

浴衣など和式の寝衣を着替える際、襟の合わせは介護者から見てカタカナの「ソ」の字に見えるように、右側を上（右前）にします。逆の合わせ（左前）は、死装束の着方になるので、くれぐれも注意しましょう。

ベッドに座っている状態で
片麻痺の人のかぶりのパジャマを交換する

手順①

パジャマを選んでもらう。前身頃の裾を胸まで、後ろ身頃はできるだけたくし上げ、**健側の袖を抜いてもらい**、次に頭、麻痺（患）側の袖の順に脱がせていく。肌の露出を防ぐために肩にバスタオルをかける。

★別の方法に、後ろ身頃の裾をたくし上げて、頭、健側の袖、最後に麻痺側の袖を脱いでもらう方法もある。

・どちらの方法でも脱健着患の原則に従う。
・片麻痺の場合、肌を露出しやすくなるため、バスタオル等を利用する。

手順②

新しい上着は、**介護者が迎え手をして麻痺側の袖を通し**、次に頭を通したら、最後に健側の手を袖に通してもらう。

★別の方法に、まず麻痺側の袖を通し、次に健側の袖、最後に頭を通してもらう方法もある。

上着のしわを伸ばし、着心地を確認する。

Keyword 迎え手

迎え手とは、あらかじめ着替える服の袖口から介護者の腕を通しておき、利用者の手首を持って袖を通していく方法。

手順③ ≫

立位をとらせて腰下までズボンを下げ、座位になってもらい、腰から両足にバスタオルをかける。健側の足から脱がせ、**麻痺側は踵を支えて脱がせる。**

手順④ ≫

踵を支えて新しいズボンを**麻痺側の足から通し**、健側の足は利用者に通してもらう。バスタオルを取り、立位にして腰まで上げる。
上着をズボンの上に出すかどうか、利用者の好みを聞き、衣服を整える。

ズボンを上げるときは健側を活用させ、できないところを介助する。

手順⑤ ≫

パジャマのしわ、たるみを伸ばし、着心地を確認する。

片麻痺のある要介護者の介助 ②更衣介助

51

ベッドに座った状態で
片麻痺の人の前開きパジャマ（上着）を交換する

手順①

パジャマを選んでもらう。麻痺側の上体を支えながら、麻痺側のパジャマを肩まで下げ、健側のパジャマの袖を脱いでもらう。次に、麻痺側の袖を脱ぐ。

手順②

新しいパジャマの袖を麻痺側から通して肩まで上げたら、健側の袖を通してもらう。

手順③

介護者が麻痺側の上体を支えながら、利用者自身にボタンやホックなどを留めるように促す。パジャマを整え、着心地を確認する。

ベッドに寝ている状態で片麻痺の人のズボンを交換する

手順①

健側の足を立てさせて腰を浮かせるように促し、ズボンを下げていく（腰が上がらない場合は側臥位（そくがい）にして行う）。
健側のズボンの裾（すそ）を広げ、**自分で脱ぐように促す**。最後に麻痺側を介助して脱がせ、バスタオルをかける。

手順②

麻痺側の踵（かかと）を**支えて**新しいズボンの足首まで通す。健側の足は、裾を広げて利用者自身に入れるように促す。

ベッドで寝ている場合
上衣の着脱は寝衣と同様に行う。

Keyword **着衣失行**

脳の障害により、衣服の上下がわからなくなったり、間違った着方をしたり、どこに手や足を入れたらいいのかがわからなくなることを、着衣失行といいます。このような場合の介助は、「これは上着で、こちらはズボンです」と先に示したり、左右の手足や首を入れる場所を誘導したりすれば、利用者も安心です。

③ 移動と体位変換

片麻痺の人をベッドの手前端へ移動する（水平移動）

手順①

利用者に、健側の手で枕を介護者側に寄せてもらう。利用者に健側の手で麻痺側の腕を支え両手を胸の上で組んでもらう。

手順②

介護者の片手を利用者の身体の向こう側に置き、自分の上体を支えるように立て、もう片方の手を利用者の頸部と肩甲骨のあたりに差し込み、上半身を少し上げて介護者側に引き寄せる。

残存機能を活用させ、最小限の介助をする。ベッド用手すりがある場合は、手すりを使用して上半身を移動させるよう促す。

手順③

利用者に健側の肘と膝を立て臀部を上げてもらい、介護者は必要時利用者の腰と臀部のあたりに手を深く差し込んで、介護者側に身体を引き寄せる。

手順④

健側の足を麻痺側の膝の下に入れてもらい介護者側に引き寄せる。

片麻痺のある利用者のベッド上の移動は力任せにいっぺんに引き寄せるのではなく、①上体、②腰を中心とした体幹部、③両足、の3ステップで行います。

良肢位を保つ

良肢位とは、何らかの障害により関節が動かなくなった場合でも、日常生活動作（ADL）の中で支障の少ない関節の角度を指します。麻痺があったり、寝たきりになったりすると、動きが悪くなって関節の可動域が狭くなってきます。そのようなときは、利用者にとってできるだけ痛みや無理のない良肢位を保つための介護が大切です。

【良肢位を保つための各関節の角度】

肩関節（A）	外転 10 〜 30°
肘関節（B）	屈曲 90°
前腕	回内・回外中間位
手関節（C）	背屈 10 〜 20°
指関節（D）	軽くボールをつかんだような肢位がよく、母指は対立位とする。
股関節（E）	屈曲 10 〜 30°、外転位 0 〜 10°
膝関節（F）	屈曲 10°
足関節（G）	背底屈 0°

片麻痺のある要介護者の介助 ③ 移動と体位変換

55

片麻痺の人をベッドの上側へ移動する

手順①

枕を外し、両腕を胸の上で組ませる。介護者の片手を**利用者の身体の向こう側に置き**、自分の上体を支えるように立て支柱とし、もう片方の手で利用者の頸部から肩甲骨のあたりを支え、上半身を持ち上げて手前に引き寄せる。

手順②

介護者は利用者から対角線の延長上に立つ。利用者の**肩甲骨と組んだ手の肘を支えながら**上半身を持ち上げる。

摩擦を減らすため上半身を持ち上げる。

手順③

利用者の**健側の足でベッドを踏み込んでもらい**、そのタイミングで介護者が利用者の身体を対角線上に引き上げる。斜めになった身体をまっすぐにし、枕を当てて楽な姿勢に整える。

利用者が踏み込んだタイミングで引き上げる。

Keyword 生活不活発病

生活不活発病とは、身体を長期間にわたって動かさないでいることにより起こるさまざまな症状のことで、廃用症候群とよばれていたものです。高齢者の場合、疾患などで安静や寝たきりの状態が長引くと、筋肉の萎縮や筋力低下、運動機能障害や臓器の機能低下、褥瘡などが生じやすくなります。

+Care スライディングシートを使って行う移動介助

自分では動くことができない利用者の移動介助を行う場合、なかなか移動ができず、つい利用者を**無理に引っ張ったり持ち上げたりしてしまう**ことはないでしょうか。こうした行為は、利用者の関節や骨に負担をかけてしまうだけでなく、介護者自身も腰を痛めるおそれがあります。そこで、利用者の体位変換や移動の際には、ベッドと利用者の間に敷き込んで、持ち上げずに滑らせて使用する**スライディングシートやスライディングボードなどの福祉用具を積極的に活用**します。利用者の身体の下に入れて使うことで、スムーズに身体を移動させることができ、体位の変換等も楽にできます。

《スライディングシートでの移動介助の仕方》
スライディングシートを上半身の下に敷き、両足の下に滑らないように布を敷いて、力を入れさせ、必要時介護者は臀部に手を当て上のほうへ移動させる。

片麻痺の人を仰臥位から側臥位にする

Point

側臥位にする前の利用者の体位

☐ 顔は寝返る側に向く。

☐ 麻痺側の腕を健側で支える。

☐ 踵を臀部に近づけ、膝をできるだけ高く立てる（➡トルクの原理〔P.31〕の活用）。

☐ 高く立てた患側の膝を介護者の肘で、大腿部を手掌で覆う。他方の手を利用者の肩関節を保護するように当てる。

手順①

ベッドの高さを調整する。

寝返る方向に顔を向け、健側の手で枕を介護者側に引いてもらい、さらに胸の上で両腕を組んでもらう。

介護者は、利用者の健側に立って麻痺側の膝を立て、健側の膝を立ててもらう。

手順②

利用者の麻痺側の肩と膝から大腿部を支えながら、患側を上に向けた側臥位にする。

麻痺側を上にした安楽な側臥位とする。

Point

☐ 側臥位にするときは膝を倒して骨盤を回転させながら肩を引き上げる。

58

手順③　≫

利用者の腰を後ろに引き体勢を「**く」の字型**とし、確認をとりながら肩や下肢を安定した位置に整え、必要な場合には、クッション等を活用し、安楽な側臥位とする。

手順④　≫

ベッドの高さを元に戻す。

ボディメカニクスを活用した体位変換

　人間の正常な運動機能は神経系・骨格系・筋系が互いに影響し合っており、この相互関係を**ボディメカニクス**といいます。介護者のボディメカニクスとは、てこの原理や重心を低く保つなどの**力学的原理を用いた介護技術**のことです。寝返りや移乗などの際、ボディメカニクスを活用することにより、**介護する側もされる側も、身体的な負担を軽減**できます。特に介護者にとっては腰痛の予防にも役立ちます。

【ボディメカニクスの主なポイント】

1. 支持基底面積を広く保ち、重心を低くとる

　　支持基底面積とは、身体を支える面積のことです。（➡P.9）。この面が広いほど安定し、その中に重心があることで介護者はふらつくことなく、安定した安楽な姿勢で介護することができます。また重心の位置（静止立位時ではへその下部あたり）は低いほど安定します。

2. 身体を不自然にねじらず肩と腰を平行に保つ

　　不自然に脊柱を曲げたりねじったりすると、姿勢が不安定になり、腰痛の原因にもなります。

3. てこの原理の活用

　　てこのように支点をつくり、介護者の体重をかけることで、楽に移動ができます。

4. 利用者の身体をコンパクトにまとめる

　　利用者の身体をできるだけ小さくまとめることで力が集まって動かしやすく、介助がしやすくなります。

片麻痺の人を仰臥位から端座位にする

手順①

麻痺側の身体を上にした側臥位にし、両足をベッドの下へ少し下ろす。

起き上がるときに力の入る位置（身体から45°離す）に健側の肘を移動させる。

Point

☐ 側臥位になった状態で両足をベッドの端に少し出し、上体を起こしていく。

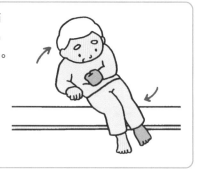

手順②

介護者は利用者の麻痺側の肩と腕を支えながら、**利用者自身で健側の肘と前腕を使って**、おじぎをするような感じで**カーブを描くように頭を動かし、上体を起こしていく**よう促す。

Point

残存機能を活用する

☐ 介護者は麻痺側の肩と腕を前方で支え、利用者は健側の肘と前腕を使って前傾姿勢でカーブ描くように頭を動かし、上体を徐々に起こす。

手順③

肩から手を離し、骨盤を下方に押し、安定した端座位とする。
そのとき**介護者の膝**は利用者の健側の下肢を支えている。

手順④

健側の手と足を使って前方に少し出てもらいながら、**両足底を床につけ安定した端座位とする。**

・両足底は床につく。
・健側の手でベッドの端を
　握る。

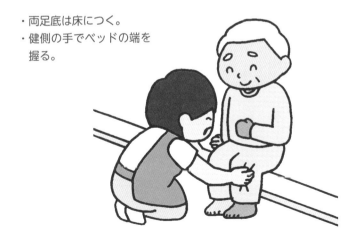

片麻痺の人を端座位から立位にする

手順①

利用者自身に健側を使って、ベッドに浅く腰かけるように臀部を前に移動してもらう。麻痺側は介助する。

手順②

介護者は利用者の麻痺側に立ち、健側の足をベッド側に引いてもらう。麻痺側は介護者が介助する。

Point

☐ 立位にするときは浅く腰かけさせ、足をベッド側に引く。

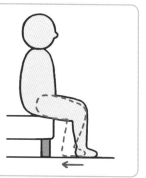

手順③ >>

利用者に、健側の手でベッド
を押さえて上体を支えながら、
**頭を膝よりも前に出しておじ
ぎをするような感じで立ち上
がってもらう。**
このとき、介護者は利用者の
麻痺側の膝を片手で支え、も
う片方の手で背中を支える。

 Point

前傾姿勢で立ち上がらせる。

膝より頭が出るように

手順④ >>

利用者がゆっくりと立ち上がる際、介護者は片手で利用者の**胸郭**を、も
う片方の手で**臀部**を支える。

手順⑤ >>

介護者は、ふらつきがないか、
安定した立位になっているか
を確認する。

片麻痺のある要介護者の介助 ③移動と体位変換

片麻痺の人を床から立ち上がらせる

手順①

健側を下にした側臥位にする。健側の肘を床につけたら、肩を抱えるようにしながら上体を起こしていき、長座位の姿勢にさせる。

手順②

あぐらを組むように健側の足を曲げ、麻痺側の足の下に入れる。介護者は利用者の後ろから腸骨を支える。

手順③

健側の手を前方について重心を前方に移し、つま先を立て臀部を浮かせる。

手順④

健側の手と膝、麻痺側の足の３点を床について、利用者自身で上体を支えてもらいながら、**介護者は後ろから腸骨を支えて、麻痺側方向に回旋する。**

介護者が腰を麻痺側に回旋することで利用者が腰を上げることができる。

健側の手、膝、患側の足の３点で支える姿勢となる。

手順⑤

介護者に背後から支えられながら、利用者は床についた膝を徐々に伸ばし、上体を起こす。**健側の手を健側の膝の上に置いて支えながら、**重心を健側の足にしっかりと乗せる。麻痺側の足を健側の足に近づけながら徐々に姿勢をまっすぐにし、立つ。介護者は**腸骨を両手で支えながら、**転倒に注意を払う。

④歩行介助

片麻痺のある人の三動作歩行

手順①

介護者は利用者の杖<ruby>杖<rt>つえ</rt></ruby>を持っていない側（**麻痺側**）の後方に立ち、腰のあたりを支える。利用者は、**最初に杖**を斜め前に出す。

介護者は利用者の麻痺側やや斜め後方に立つ。

★片麻痺の場合、杖は健側<ruby>健<rt>けん</rt>側<rt>そく</rt></ruby>の手で持つ。

手順②

次に麻痺側の足を一歩踏み出す。

手順③

最後に健側の足を一歩出して、両足を揃<ruby>揃<rt>そろ</rt></ruby>える。

杖→麻痺側の足→健側の足の順に出すことが基本。

身体の状態に合った杖選びを

杖にはいくつか種類があります。腕の力がある程度ある場合、一般的に用いられているのが、持ち手がTの字の形をした「T字型杖」です。一方、歩行がかなり不安定な人は、杖の先端が三本や四本に分かれている「三脚杖」「四脚杖」が良いでしょう。**腕の力がない人は、腕自体をしっかりと支える「ロフストランド・クラッチ」**がお勧めです。

歩行が不安定な人向き

三脚杖　四脚杖

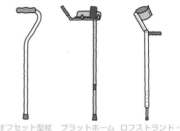

歩行がやや安定している人向き

オフセット型杖　プラットホーム　ロフストランド・
　　　　　　　　クラッチ　　　クラッチ

 二動作歩行

麻痺していないほう（健側）の手で杖を持ち、**杖と麻痺しているほうの足**を同時に出し、次に**健側の足**を出して揃える、の順で繰り返して歩く。

片麻痺の人の階段の上り下りの介助

（1）上り

手順①

介護者は利用者の**麻痺側の後ろに**立ち、麻痺側の腕と腰を支える。

階段などの段の前では段につま先が平行になるようにして止まる。

手順②

利用者は杖を段の上に出したら、**健側の足を出して段を上り**、次に麻痺側の足を引き上げて健側の足に添える。これを繰り返しながら段を上っていく。

段を上る場合は、杖→健側の足→麻痺側の足という順になる。

（2）下り

手順①

介護者は利用者の**麻痺側に立ち**、**1段下に足を下ろし**、麻痺側の腕と腰を支える。

手順②

利用者は**杖を段の下に出したら**、麻痺側の足を下ろし、次に健側の足を下ろして麻痺側の足に添える。これを繰り返しながら段を下りていく。

段を下りる場合は、杖→麻痺側の足→健側の足という順になる。

片麻痺の人が障害物を越える場合の介助

手順①

杖を障害物の先へ出してもらう。

手順②

麻痺側の足を出して障害物を越える。自力で越えられない場合には、介護者が麻痺側の足を支えながら前へ移動させる。

手順③

健側の足を出して障害物を越える。

段差を下りるときと同様に、杖→麻痺側の足→健側の足の順になる。

 手すりを使った歩行介助の仕方

バスや駅の階段など、手すりのある段を上り下りする場合には、健側の手で手すりを握ってもらい、**上るときには健側から足を出し、下りるときには麻痺側の足から**出すように誘導しましょう。

⑤移乗介助

片麻痺の人のベッドから車いすへの移乗
―ベッド用手すりのない場合―

手順①

端座位の姿勢になってもらい、浅く腰かけさせる。健側のふくらはぎのあたりに車いすを近づける。フットサポートを上げた車いすを健側の20°～45°くらいに置き、ブレーキをかける。

手順②

健側の足は、立ち上がるときに力の入る位置に置く。車いすの遠いほうのアームサポートを健側の手で握ってもらう。

Point

健側を活かした車いすへの移乗方法

☐ ベッドより遠いほうのアームサポートを握らせる。

☐ キャスタがベッドから遠いと、歩幅が大きくなり過ぎて立ち上がりにくくなるので注意する。

手順③

健側に重心を置きながら前傾
姿勢になってもらい、ゆっく
り臀部（でんぶ）を上げていく。

> 立ち上がる際には、介
> 護者は利用者の麻痺側
> の膝（ひざ）を保護する。

手順④

介護者は、利用者の膝裏が伸
びて立位がとれたら回転させ、
前傾姿勢にして臀部から座ら
せる。

手順⑤

健側の手足に力を入れて、座面の奥へ臀部を引いてもらう。麻痺側は
介助して深く座らせる。

手順⑥

フットサポートに、利用者の
麻痺側の足を乗せる。健側の
足は、利用者自身で乗せても
らう。安全・安楽に車いすに
座っているか確認する。

片麻痺のある要介護者の介助 ⑤移乗介助

71

片麻痺の人の車いすからベッドへの移乗と臥床

手順①

健側がベッドのほうにくるように車いすを20°くらいに置く。
ブレーキをかけ、フットサポートを上げて利用者の足を床に静かに下ろす。座面の前のほうへ浅く座り直してもらう。

車いすの前のほうに座り直して移る。

手順②

健側の足に重心をかけ、前傾姿勢になりながらゆっくりと膝裏が伸びる程度に立つよう促す。

ベッド用手すりがない場合はベッド上に健側の手を置く。

手順③

利用者が臀部を上げて立ち上がったら麻痺側を支えながら回転させて、端座位になってもらう。

手順④

健側の足を麻痺側の足の下に入れて交差してもらう。利用者は**手、肘、肩の順にベッドにつき**、交差した足をベッドに乗せ、徐々に側臥位になる。側臥位から仰臥位にさせる。

+Care

スライディングボードによる移乗法

利用者に端座位をとってもらったら、介護者は腰を落とし、両腕を回してつかまるよう利用者に促す。利用者がしっかりつかまったら、**上体を車いすとは反対側に傾けてもらい**、介護者は、上体が傾いている側の腕で利用者の背面を支える。車いす側の手でボードを持ち、浮いている臀部から徐々にボードを差し込む。

利用者を完全に抱きかかえるのではなく、上体を傾けてもらいながら差し込むのがコツ。

利用者に**車いすの遠い側の肘掛けにつかまる**よう促し、利用者がしっかりつかまったら、介護者が利用者の腋の下と骨盤の上を支えて、ボードの上を滑らせるようにして移乗する。

遠い側の肘掛けにつかまってもらうことで、体の移動が最小限ですむ。

片麻痺の人のベッドからポータブルトイレへの移乗

手順①

ポータブルトイレを臥床した状態の**健側の足元**に置く。利用者が便座を冷たく感じないように、カバーなどをつけておく。プライバシー保護の視点から**スクリーン**を準備しておく。

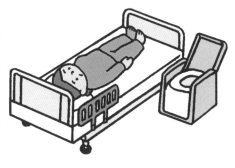

手順②

端座位の姿勢から、健側の手を活用し、前傾姿勢になり立ち上がるよう促す。必要時介助する。

手順③

腸骨を支え、向きを変える。ポータブルトイレの位置を調整する。衣服と下着を下ろす。ポータブルトイレの位置を確認してもらい、前傾姿勢になり便座にゆっくりと座らせる。臀部の位置と安定して座っているかを確認する。

手順④

腰部から大腿部にバスタオルをかける。下着とズボンを膝より下に下げる。手の届く位置に**トイレットペーパー**と**ベルや呼び鈴**があるか確認する。

【ポータブルトイレの種類】

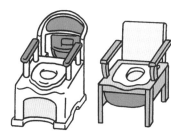

●プラスチック製いす型（左）
●木製いす型（右）
蹴込みがあり、足を引くことができるため立ち上がりしやすい。
また、手すりがあり安定感がある。

●プラスチック製
標準型手すりや蹴込みがなく立ち上がりのとき前に倒れてくることがあり、不安定。

●ベッドサイドポータブルトイレ
ベッドから横移動ができる。

片麻痺のある要介護者の介助 ⑤ 移乗介助

+Care　片麻痺の人の排泄介助の基本

麻痺があっても、できる限り自分でトイレに行ってもらうことは、本人の尊厳の保持や、生活への意欲にもつながります。

　どうしてもトイレまで行くことができない場合には、ベッドのそばに**ポータブルトイレを設置**し、自分で安全で安楽に排泄できる環境を整えましょう。その際、**スクリーン等でカバーする**など、利用者のプライバシーに配慮するのを忘れないようにしましょう。

① 移乗介助

全介助が必要な人のベッドから車いすへの移乗

手順①

利用者をベッドに浅く腰かけさせる。フットサポートを上げた車いすを利用者の**ふくらはぎのあたり**にまで近づけ、20°くらいに置き、ブレーキをかける。

手順②

利用者には、介護者の背中に手を回してつかまってもらう。介護者は利用者の背中に両手を回し、片足は車いすに近づけ、もう一方の足はベッド側に近づけ、**腰を低くして、重心を安定させる。**

手順③

前傾姿勢をとらせ、**利用者の腰を自分のほうに引き付けながら、**立ち上がらせる。

手順④

利用者の上体を車いすのほうへ
回転させ、**前傾姿勢をとらせなが**
らゆっくり座面に深く座らせる。

手順⑤

座面に深く座っているか確認し、
浅い場合は、身体を横に傾け、大
腿部（だいたいぶ）が浮き上がったところで手
を差し入れ、深く座らせる。
フットサポートにゆっくりと足
を乗せる。

+Care　　**全介助が必要な人のベッドからストレッチャーへの移乗**

ストレッチャーをベッドの足元に**直角に置き**、ストッパーをかける。
介護者は利用者の頭側から背の高い順に並ぶ。
介護者は利用者にできるだけ密着し、全員
が声をかけながら持ち上げる。
ストレッチャーに移
すときは**臀部（でんぶ）を先**
に、頭部を最後に
下ろす。

全介助が必要な要介護者の介助　①移乗介助

②移動と体位変換

全介助が必要な人のベッドの片側への移動

手順①

介護者は**移動させる側**に立つ。利用者の頭を少し上げて、枕を介護者側に引き寄せる。

手順②

利用者の両腕を胸の上で組ませる。足も交差させる。介護者は肘関節で利用者の頸部（けいぶ）を支え、肩甲骨（けんこうこつ）周辺を手掌（手のひら）で支える。他方の腕は**利用者の身体の向こう側に置き**、自分の上体を支えるように立てて支柱とし、**振り子の原理を利用して**上半身を上げて介護者側に上体を寄せる。

利用者の身体をコンパクトにまとめる。

手順③

利用者の腰から腸骨部（ちょうこつぶ）と大腿部（だいたいぶ）に手を回す。両膝（りょうひざ）をベッドの脇に押し付け、**てこの原理を利用し**、膝をてこの支点として利用者の下半身を手前に引き寄せる。安楽な姿勢に整える。

Keyword 振り子の原理

介護者の片手をベッドに置いて自分の上体を支えることにより、もう片方の手を利用者の肩の下に差し込んで、利用者の上体を楽に移動させることができます。これは「振り子の原理」を応用した介助です。ベッドに置いた手を支柱にすることで、自分の上体の重心を支柱となっている腕に移すことができるのです。

**腕を支柱にする
ことで楽に動かす
ことができる。**

ベッド

Keyword てこの原理

介護者の両膝をベッドの脇に押し付けることにより膝が支点となって、「てこの原理」が働き、上体が安定します。そのため、利用者の下半身を手前に移動させるときも楽に行えます。

力点

作用点

支点

全介助が必要な要介護者の介助　②移動と体位変換

全介助が必要な人のベッドの上側への移動

手順①

枕を外し、両腕を胸の上で組み、足も交差させる。

手順②

介護者は肘関節で頸部を支え、手掌（手のひら）で肩甲骨周辺を支える。他方の**腕は利用者の身体の向こう側に置き**、自分の上体を支えるように立てる。上半身を持ち上げて手前に寄せる。

手順③

介護者は利用者の対角線の延長上に立ち、利用者の肩甲骨と組んだ手前側の肘を**支えながら上半身を持ち上**げ、介護者のほうに向かって対角線の延長上に引き寄せる。

手順④

斜めになった利用者の身体をまっすぐにして、衣服のしわを伸ばす。枕を当て、安楽な姿勢に整える。

Point

□ 介護者がベッド上に膝をつくときは利用者に声をかけ了解を得る。また、ベッドの反対側への移動の際はベッドの足側を通る。

+Care　**力のベクトル**

手順③の例では介護者が利用者を対角線の延長上に引き寄せるときに力の**ベクトルの法則**が働いています。図のように①②それぞれの方向への力は小さくても、③のように**作用する力が大きくなる**のがベクトルの法則です。下図の例では介護者の左腕が①、右腕が②となります。

引き寄せる力
③

引く力①

対角線上に立つ（利用者を斜めにする）ことで、手前に引き寄せる力が大きく動く。

引く力②

介護者

全介助が必要な人を仰臥位から側臥位にする―背面法―

手順①

利用者を側臥位へ向ける側に
ベッド用の手すりをつける。介
護者は、利用者を側臥位にする
側とは**反対の側に立ち**、ベッド
の中央で安全・安楽に側臥位に
なるように利用者の身体全体を
側臥位になる反対側のベッドの
はしに水平移動させる。
側臥位になるほうへ枕を移し、顔
を向けさせる。

手順②

側臥位になるときに下になる腕
を胸へ、もう片方の腕をその上
に乗せる。

手順③

介護者は手前側の利用者の膝裏
から手の甲を上にし、**遠いほうの
利用者の膝頭を支えるようにし**
て手を差し入れる。他方の手は
肩甲骨を支える。腰から肩甲骨
の順に向こう側へ利用者を倒す。

手順④

「く」の字型の姿勢になるように腰を引き、確認をとりながら上側の足を前方に出させ、下側の腕を胸から下ろさせて安楽な体位にする。

「く」の字型の安定した安楽な体位とする。

+Care **対面法での体位変換**

介護者は一方の手を、下のイラストのように、利用者の上になっている**向こう側の下肢の膝裏に、外側から手掌が見えるように入れる**。下になっている下肢の膝の上に手背を置き、支点とする。

手背を支点にして、肘を手前に引くようにして、腰、肩甲骨の順に側臥位とする。他方の手は向こうの肩甲骨を支える。

全介助が必要な人を仰臥位から端座位にする

手順①

介護者から遠いほうの手を胸の上に置き、足は交差させる。手前側の手は手掌を下にして利用者自身の体から45°くらい離す。

手順②

介護者は、肘関節で利用者の頸部を支え、手掌で肩甲骨を支える。顔を介護者側に向けるよう促す。介護者は肘をベッドにつき、てこの原理の支点にして利用者の上体を介護者の手前に向ける。

手順③

介護者は、介護者側の前腕を押さえながら、ベッドの足元側の片足をベッドの斜め前方に踏み出す。上体を起こすことを伝えたら、利用者の上体を側臥位の状態から**手前にカーブを描くように**長座位にする。

手順④

ベッドから足を下ろすことを伝えたら、両手を組ませる。一方の手はそのまま肩甲骨を支え、他方の手は膝（ひざ）の下に入れて利用者の**身体を「Ｖ」の字に小さくまとめる。**

手順⑤

利用者の臀部（でんぶ）を支点にして回転させながら、ベッドの下に両足を下ろす。両方の足底が床につき、両手はベッドについた安定した端座位であることを確認する。

+Care

トルクアクション

利用者の両腕を組み、両膝を立てて支え、**臀部のみをベッドにつき、身体を「Ｖ」の字のようにまとめる**ことを**トルクアクション**といいます。接地面積をできるだけ小さくすることにより、体格の大きな人や体重の重い人でも楽に回転させることができ、移動しやすくなります。

《仰臥位から端座位に変える場合》

①利用者の身体を「Ｖ」の字のようにまとめる。

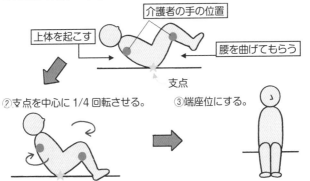

介護者の手の位置

上体を起こす

腰を曲げてもらう

支点

②支点を中心に 1/4 回転させる。　③端座位にする。

全介助が必要な人を端座位から立位にする

手順①

利用者の臀部を前へ移動させ、ベッドに浅く腰かけてもらう。両足をベッド側に近づけてもらう。

手順②

介護者は、腰を低く構えて重心を安定させたら、利用者の腰に両手を回して組み、腋を締める。利用者には、介護者の肩に両手を回してもらう。

手順③

利用者は前傾姿勢になり、利用者と介護者は膝を伸ばしながら立つ。

手順④

利用者の腰を押して、安定した立位
になるように支える。

手順⑤

利用者がしっかりと立てたことを確
認する。

Point

☐ 利用者に立ち上がってもらうとき、介
　護者は腰を低くして利用者を前傾姿勢
　にする。利用者と介護者は徐々に膝を
　伸ばしながら立ち上がる。組んだ手で
　利用者の腰を引いて安定した立位に
　する。

①食事介助

　関節リウマチであっても、できるだけ自分で食事をしてもらうことが大切です。ただし、手指の変形が徐々に進行することがあるため、その症状に応じた介助や、本人の使いやすい自助具を用意することも、介護者の役目です。

関節リウマチの人の食事介助のポイント

☐ 肩や肘、手指などの関節が曲がりにくいので、食べ物を口に運びやすいように肘を支える

☐ 指にはめて固定できる箸やスプーンを選ぶ

☐ 持ち手が太く握りやすい、握力の弱い人でも使いやすい箸やスプーンもよい（スプーンにタオルを巻いて太くするのもよい）

☐ 指を入れやすいように、持ち手の大きなマグカップなどを用いる

☐ スプーンで食べ物をすくいやすいように、内側が湾曲した皿を使ったり、手前に傾けたりするなどの工夫をほどこす

☐ 皿や椀を持つことが困難であれば、滑り止めのついたランチョンマットなどの上に置き、食器を持たずに食べられるようにする

☐ 肩や肘に負担がかからないように、食卓の脚を高くし、食器と口までの距離を短めにするのもよい

②排泄介助

　排泄もできる限り自分でできることが望ましいので、介護者はできないことをサポートするようにします。

　しかし、日によって症状が変化することがあるので、次のポイントをふまえながらケアに当たり、くれぐれも無理をさせないようにしましょう。

▌関節リウマチの人の排泄介助のポイント

☐ 関節に負担がかかりにくい洋式トイレが望ましい

☐ 便器の前には滑り止めマットなどを敷き、転倒に注意を払う

☐ ドアノブ、水洗タンクのレバー、手洗い場の蛇口、便器の蓋などは持ちやすく開閉しやすいように、太くしたり、大きな持ち手をつけたりするなどの工夫をする

☐ 立ったり座ったりを楽に行えるように、姿勢や動作に合った位置に握りやすい手すりを設置する

+Care

症状に合った自助具の活用を

食事や排泄において、**関節に負担をかけないようにし**、また、**自分でできることは行ってもらえるようにする**ために、自助具を選ぶ際には次の3つの点を重視しましょう。

●握り動作

　てこの原理を応用したものや、持ち手部分を太くしたもの

●リーチ動作（伸ばしたり届かせたりする動作）

　肩や肘の関節可動域が狭くなっても対応できる、持ち手が長めのもの

●立ち上がりや座る動作

　筋力が低下したり、股関節などの可動域制限にも対応できる、垂直移動の距離が短いもの

歩行介助

運動神経の障害により、振戦、筋固縮、無動、姿勢反射障害が起こり、特徴的な歩行障害が現れます。歩こうとすると足がすくんで（すくみ足）なかなか一歩が出なくなります。歩幅は小さく小刻みとなります（小刻み歩行）。そして歩き出すと前のめりになって勢いがつき、止まらなくなってしまいます。転倒などの事故にもつながるおそれがあるので、介護者は次のようなサポートに気を配りましょう。

パーキンソン病の人の歩行介助のポイント

前のめり、座位が保ちにくい	支える立ち位置に注意し、転倒や姿勢の崩れをすぐに支えることができるようにする。
震え、小刻み歩行、すり足など	利用者よりも少し斜め前に立ち、腕や肘につかまって歩いてもらう
前かがみ	筋肉の強直から前かがみ姿勢になりやすいため、医師の指示の下で、歩行介助の前後などに矯正運動（座位のまま両腕を頭に組み、後ろから上体を引き上げる）などを行ってもらい拘縮を防ぐ

+Care　すくみ足の歩行援助

すくみ足とは、足が床に貼り付いたようになって前に出ず、すくんでしまう状態のことです。症状が中程度の人に多く、座位から立位になるときや、狭い場所を通る際に出やすい症状です。このようなときは利用者の身体が後方へ倒れやすいため、介護者は利用者の後ろについて身体を支え、足を大きく踏み出すように促したり、「右足、左足」や「いち、に、いち、に」など、足を出しやすくするための言葉かけをしたりしましょう。

下目線	足元がおぼつかないために、どうしても目線が下に向き、より前のめり姿勢になりやすいので、前方や周囲の景色を見てもらうように介護者が横で声をかける
つまずき	つま先で小刻みに歩いてしまうので、つま先を上げて、踵（かかと）から着地するように促す
下り坂	加速がついて止まれなくなりやすいので、左右にジグザグと大きく弧を描くように下りるなど、危険のない歩き方を指導する

パーキンソン病の要介護者の介助　歩行介助

「右。左。いち、に。いいですね。その調子、その調子。」
「ちゃんと支えているから、大丈夫ですよ。」など、声かけをしながら介助しましょう

+Care
歩行器の選び方

パーキンソン病の人が歩行器を使う際には、ポイントとなる**両手の握力、足取り、前かがみの姿勢**などがどの程度の状態かを医師に確認してもらうことが重要です。そのうえで問題がなければ、以下のような点を基準に歩行器を選びましょう。

●前かがみや前のめりにならないように、歩行器の持ち手に十分高さがあるもの
●持ち手のグリップが握りやすいもの
●車輪が大きくて押しやすく、安定感のあるもの
●ブレーキがしっかり利き、ロックがかかるもの　など

内部障害

　内部障害とは心臓機能障害、腎臓機能障害、呼吸器機能障害、膀胱あるいは直腸の機能障害、小腸機能障害、ヒト免疫不全ウイルスによる免疫機能障害、肝臓機能障害を指す総称です。

内部障害の原因と症状

　内部障害の各概要とあてはまる疾患は以下のとおりです。これらの内部障害に該当する人は、「身体障害者福祉法」により**身体障害者手帳**が交付されます。

心臓機能障害

血液循環の機能が低下している状態

□ 不整脈
□ 虚血性心疾患
　（狭心症、心筋梗塞）
□ 心不全

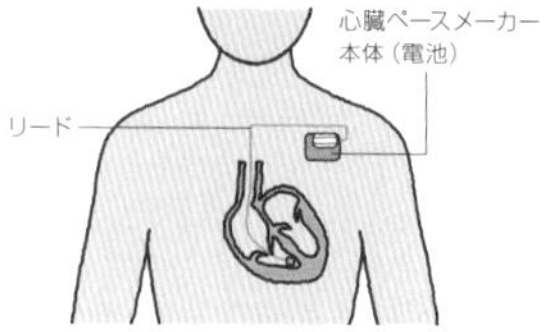

心臓ペースメーカー
本体（電池）

リード

腎臓機能障害

血液を浄化する機能が低下している状態

□ 腎不全（急性・慢性）

呼吸器機能障害

呼吸器機能が低下している状態

□ 慢性閉塞性肺疾患（慢性肺気腫、慢性気管支炎）
□ 肺結核後遺症
□ 気管支喘息

直腸・膀胱機能障害

膀胱や肛門から排尿や排便ができず、**新たな排泄口（ストーマ）の造設を必要としている**状態

- ☐ 尿路ストーマを要する疾患（膀胱がん、子宮がん、二分脊椎）
- ☐ 消化器ストーマを要する疾患
  （大腸がん、腸閉塞、クローン病、潰瘍性大腸炎、腸結核）

小腸機能障害

小腸の大量切除や小腸機能の著しい低下で**栄養維持が困難**な状態

- ☐ 上腸間膜血管閉塞症　☐ 外傷　☐ 先天性小腸閉鎖症

ヒト免疫不全ウイルスによる免疫機能障害

ヒト免疫不全ウイルス（HIV）感染により**免疫機能が低下**している状態

- ☐ 後天性免疫不全症候群（エイズ）

肝臓機能障害

栄養の代謝や解毒作用などの機能が低下している状態

- ☐ 肝不全　☐ 肝硬変　☐ 肝がん　☐ ウイルス性肝炎

内部障害

Keyword　身体障害者福祉法

1949（昭和24）年に成立した「身体障害者の福祉の増進を図るための法律」です。身体障害者の自立と社会経済活動への参加を促すための援助および保護を行い、身体障害者の福祉の増進を図ることが目的とされています。対象となる「身体障害者」とは、身体上に障害をもつ18歳以上で、都道府県知事から身体障害者手帳の交付を受けている人です。

①食事介助

心臓機能障害の人の食事介助のポイント

- [ ] 塩分、脂肪分は控えめにし、バランスのよい食事を用意する

- [ ] 植物性たんぱく質の食品（豆腐など）を多く使った料理を用意する

- [ ] 水分の調整を要するため、1日の水分摂取量と排尿を記録する

- [ ] 肥満は心臓の負担を高めるので、適正な体重を維持するために毎日の食事内容や体重を日誌に記録する

- [ ] 遅い時間の食事を避け、ひと口ごとにゆっくりとかんで食べてもらう

- [ ] 血流をよくする「カルシウム拮抗剤」を服用している場合、グレープフルーツなどを摂取することがないように、食事と薬の食べ合わせに注意する

呼吸器機能障害の人の食事介助のポイント

- [ ] 食欲が衰え、体重が減少することで体力が落ちて抵抗力が弱まりやすいので、栄養が十分にとれ、免疫力を高めるような食事を用意する

- [ ] 呼吸器に負担がかかるので、ひと口大や、咀しゃく・嚥下しやすい軟らかさに調整するなど、食べやすく消化のよい食事を心がける

- [ ] 一度にたくさん食べられない場合には、1回の量を減らし、その分、食事回数を増やすなどの工夫をする

- [ ] 食べ過ぎると腹部に圧力が増し、横隔膜が胸部を圧迫して呼吸がしにくくなるので、1回の食事量に気をつける

- [ ] 腹部が張って、胸部を圧迫しやすい炭酸飲料や豆・いも類のメニューは控える

- [ ] 過度の飲酒は呼吸を息苦しくさせたり動悸を起こしたりしやすいので、飲酒の習慣がある場合には、医師や家族と相談の上適量を決め守ってもらう

□ 痰を出しやすくするために、水分摂取を心がける

腎臓機能障害の人の食事介助のポイント

□ 水分・塩分・カリウムを制限した食事を用意する

□ 塩分と同様に、たんぱく質の摂り過ぎは腎臓に負担をかけるため、食品を選ぶ際に気をつける

□ 生野菜、青物野菜、果物、コーヒー、大豆、いも類などはカリウムが多いので、できるだけ献立に入れないようにする

□ 煮物や汁気は塩分を摂取しやすいため、汁やたれなどの少ないメニューを用意する

□ 牛乳やチーズ、ししゃもなど、リンの多い食品の摂取も控える

□ 塩分を少なくする分、食材の味そのものを味わってもらうような調理を工夫する

※水分、塩分、たんぱく質は制限されてもカロリーは必要量を摂取することがポイントです。

塩分・たんぱく質の制限

水分・カリウムの制限

食欲不振やストレスを招かないよう、献立を工夫

内部障害

① 食事介助

+Care　**呼吸器機能障害の人は脂肪分の多い食事を**

呼吸器機能障害の人は、一度に多く食べることができず、そのせいで**栄養不良に陥りやすい**ので、間食のおやつには生クリームの多いケーキや洋菓子、アイスクリーム、チーズなど、**脂肪分の高い食品**を勧めるとよいでしょう。脂肪分の多い食事は**少量で高カロリーを摂取**することができ、また、腹部膨満になりにくく、呼吸器への負担も軽くなります。

② 排泄介助

膀胱・直腸機能障害の人の排泄介助のポイント

☐ 尿を溜めておく膀胱や、便を溜めておく直腸の機能が低下または喪失し、ストーマ（人工肛門や人工膀胱）を造設している場合には、プライバシーに十分配慮したトイレ誘導や介助を考える

☐ ストーマを造設している場合、介護者には、皮膚に接着していないパウチの交換が認められている。それ以外の場合の介助として、パウチに溜まった排泄物を捨てることが認められている

☐ 排尿障害により、自力で排尿ができず、そのため自己導尿を行っている場合、カテーテルから陰部や膀胱に細菌が入って感染症を起こしやすいため、手洗いや陰部、物品の消毒などには十分に注意を払う

☐ 介護者は自己導尿を行うことはできないが、自己導尿の器具を準備したり片付けたり、あるいは見守ることはできる。よく観察し、陰部や膀胱の痛み、発熱、血尿、尿の濁り、膀胱炎、尿道痛などの異常があれば、速やかに主治医に連絡する

【自己導尿カテーテルの挿入位置】

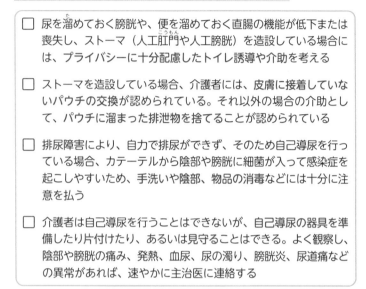

男性の場合　　　　　　女性の場合

心臓機能障害の人の排泄介助のポイント

☐ 体力が落ちて常に疲れやすく、また、動悸や息切れで心臓に負担がかかりやすいため、トイレでいきむことは避けてもらう

☐ 心臓に負担をかけないためにも、便秘を予防することが大切になるので、排便しやすくなるように、食べ物や調理の仕方の工夫をする

腎臓機能障害の人の排泄介助のポイント

☐ 腎臓機能障害がある人は、塩分やカリウムをきちんと排出させるためにスムーズな排尿を心がける必要がある。そのため、介護者は排尿日誌などを用意して、毎日の排尿量を記録しておく

☐ 発熱や下痢が起こって脱水状態に陥ると、体内の水分が減って腎臓に負担となり感染症にかかりやすいので、脱水状態に陥らないよう、水分の摂取に注意する

+Care　ストーマ

ストーマとは、腹部に人工的に造設した尿や便の排泄口のことです。
ストーマの種類には、尿路ストーマと消化器ストーマがあります。

●尿路ストーマ

　尿の排泄のために人工的に尿路系に造設した排泄口

●消化器ストーマ

　便の排泄のために人工的に造設した排泄口

○回腸ストーマ（イレオストミー）

……回腸を体外に誘導して造設したストーマ。水分や栄養分が消化・吸収される前に排出されるため、水様便になる。→栄養障害に注意

○結腸ストーマ（コロストミー）

……結腸を体外に誘導して造設したストーマ。回腸よりも消化・吸収が進んだ状態で排出されるため、固形状の便になる。

③入浴介助

心臓機能障害の人の入浴介助のポイント

- ☐ 心臓に負担がかからないように、浴室と着替えを行う脱衣所の温度差がないように気を配る

- ☐ 40℃以上の湯に浸かるのは避け、胸から上を出すなどの半身浴に留め、長湯はやめてもらう

- ☐ 浴室で急に座ったり立ち上がったりする動作は控えてもらい、ゆっくりと静かに動くように誘導する

- ☐ サウナや冷水を浴びることは心臓に負担をかける原因になるので、行わないように注意を払う

膀胱・直腸機能障害の人の入浴介助のポイント

☐ 数日間排便がない場合には、入浴中に腸が刺激されて排便してしまう可能性があるので、パウチを装着したまま入浴してもらう

☐ 消化器ストーマの場合は、装具を外して入浴しても湯が中に入り込むことはないが、便が出てしまうこともあるので、排便が心配であれば入浴用パウチを使用する。尿路ストーマの場合は、装具をつけたまま入浴する

☐ 入浴後、新しいパウチに交換する際には、ストーマの周囲に異常がないかを確認したうえで、ガーゼや柔らかいタオルなどでやさしく拭いてきれいにし、交換してもらう

【消化器ストーマの種類とパウチの装着】

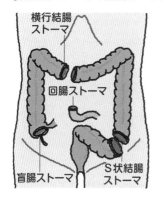
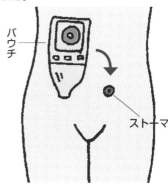

呼吸器機能障害の人の入浴介助のポイント

☐ 入浴時は酸素の消費量が増えるため、酸素を吸収しながら入浴する。そのうえで、ぬるめの湯に短時間入るようにしたり、介助により利用者の身体的な負担を少しでも減らしたりするようにする。体調が悪いときは入浴を控える

内部障害 ③入浴介助

④ 睡眠介助

呼吸器機能障害の人の睡眠介助のポイント

☐ 呼吸困難のために臥位（がい）になることができない場合は、起座位（きざい）の姿勢をとると呼吸がしやすくなることがある。利用者が楽な姿勢で休めるように工夫する

☐ 寝衣や寝具は、胸腹部を圧迫しないものを選ぶ

【安眠できる寝室の例】

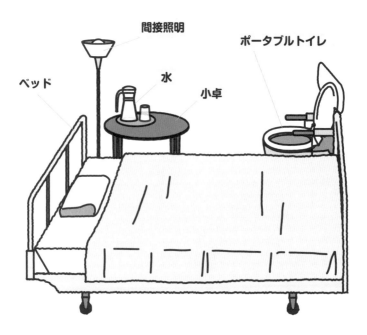

間接照明

ポータブルトイレ

ベッド　　水　　小卓

⑤ 歩行介助

心臓機能障害の人の歩行介助のポイント

- [ ] ペースメーカーや人工弁などを造設している場合、電磁波の高い機器のそばを通ったり、機器に接触したりすると、ペースメーカーなどが誤作動して身体に異常を起こすことがある。電子レンジ、携帯電話、電気溶接機、大型モーターなどの変動磁界、高電圧送電機のそばを避けてもらい、介護者は歩行の際の道順や周囲の道の様子を事前に把握しておき、心臓機能障害がある人の命の安全を図る

- [ ] その人の心臓の機能に応じて、どの程度の歩行が可能か主治医に確認をしておく

- [ ] 介護者は、利用者が歩行時に疲れたら、すぐに座って休憩できる場所を確保しておく

呼吸器機能障害の人の外出時の留意点

- [ ] 余裕をもったスケジュールを立てる

- [ ] 長い坂道や階段は避ける

- [ ] 人ごみの多いところや自動車の交通量の多いところは避ける

- [ ] 荷物はできるだけ軽くする。重たい荷物がある場合は、本人が持たなくてもよいように配慮する

- [ ] 携帯用酸素ボンベの残量を確認しておく

- [ ] 疲れや息苦しさを感じたら、しばらく休憩をとる

- [ ] 体温調節がしやすい衣服を選び、屋外との気温差に気をつける

- [ ] 帰宅後は、手洗いとうがいを行い、感染予防に努める。必要に応じてマスクを着用する

- [ ] 緊急時の対応について医師などに確認をとっておく

視覚・聴覚・言語障害

　視覚・聴覚・言語障害とは視力や聴力、または言葉で話す力が損なわれている状態を指します。視覚・聴覚・言語は「無意識」に使っているので、これらの障害をもつ利用者の介護には「意識的な配慮」が不可欠です。

視覚障害のある人とのコミュニケーション

☐ 視覚障害のある人は見えない分、聴覚や触覚からの情報がとても重要となる。そのため、音で伝えたり、実際に触れてもらったりしながら的確な情報を伝える

☐ あいまいな説明をすると、見えないために不安を感じさせてしまうので、「そのあたり」や「あちら」などといった表現はせず、「あと3歩先です」や「少し手を伸ばした左側です」など具体的な表現で情報を明確に伝える

☐ 状況が少しでも変化する場合には、必ず事前に伝える。特に外出時、騒音の多い場所や段差の多いところを歩く場合には、サポートする介護者はまめな声かけを行い、視覚障害者の不安や恐怖が和らぐように配慮する

聴覚障害のある人とのコミュニケーション

☐ 少しでも聴力が残存している場合、状況によっては補聴器を使ってみることを提案する

☐ 手話や指文字を用いる方法もあるが、聴覚障害者の誰もが習得しているとは限らないので、口の動きを大きく見せて話の内容を理解してもらう読話（読唇）や、筆談などを試みる

言語障害のある人とのコミュニケーション

☐ 障害の原因によって症状や度合いが異なるため、個々に応じた接し方が求められるが、共通の注意点は、せかしたり慌てさせたりしないことである

☐ 話しかけるときには、いつもよりはっきり、ゆっくり、が大切である

☐ 「はい」や「いいえ」で答えられるように、簡潔に、わかりやすい話し方を心がける

☐ 言いたいことを先回りして言われてしまうことは利用者にとっては辛く感じられ、自尊心を傷つけてしまうおそれがあるので、たとえわかっていても、言葉が出てくるまで根気よく待つ

☐ すぐに理解ができないようであれば、実物を見せたり、絵に描いたりして説明する

☐ 大切な内容のときは、正しく理解できたかどうかを必ず確認する

【言語障害がある利用者への質問方法】

利用者に言語障害がある場合、「痛い足はどちらですか？」など、具体的に答えなくてはならない質問は負担です。「はい（うなずくなど）」か「いいえ（手や首を振るなど）」で答えられるよう、質問は「痛い足は右ですか（右ですね）」といったように、具体的に聞く工夫が必要です。

うなずくか首を振るかで
答えられる。

うなずくか手を振るかで
答えられる。

視覚・聴覚・言語障害

① 食事介助

視覚障害の人の食事介助のポイント

　視覚に障害のある人の食事介助の場合、どの位置にどのような献立が配してあるかを頭の中で把握してもらうことが必要です。そのために、「**クロックポジション**」を活用しましょう。クロックポジションとは、時計の文字盤に見立てて食器の位置を説明する方法です。

【クロックポジションを用いた食器の配置】
時計の文字盤の位置を示し、その方向に配した献立の内容を説明しながら、利用者の手でも実際に触れてもらいます。

箸	6時
ごはん	8時
わかめと豆腐のみそ汁	4時
豚肉と野菜（キャベツ、モヤシ、シメジ）の炒め物	2時
ウーロン茶	10時

コーヒーなどの熱いものは、まず器に手を添えて触れてもらうことで、安心して飲むことができる。砂糖やミルクの位置も説明し本人に入れてもらうが、必要時、量を聞いて介護者が入れてもよい。

視覚障害者の人の食堂での誘導

手順①

介護者は、いすの後ろまで誘導して止まり、いすの後ろであることを伝える。

　　具体的に説明する。

手順②

利用者に**いすの位置**と**形状**を伝える。手で確認してもらい、いすに座ってもらう。

　　　　過剰介護を行わない。

手順③

クロックポジションを活用して、メニューと位置を説明する。

②歩行介助

視覚障害の人の歩行介助のポイント

視覚障害のある人を誘導する場合、介護者は声をかけ、自分の手の甲で障害のある人の手の甲に触れます。

手順①

介護者は、白杖（はくじょう）を持つ手の**反対側の半歩前に**立つ。

手順②

空いているほうの手の甲に触れ、介護者の肘（ひじ）の上あたりをつかんでもらう。

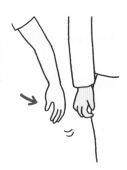

手順③

介護者は、歩き出すことを利用者に伝えたら、自分の肘を軽く身体につけ、**腕が開かないように注意しながら**利用者の歩幅に合わせて歩き始める。

手順④

方向を変えるときや、段差があるときには、早めにそのことを伝え、危険がないように**先を見越して誘導**する。

視覚障害の人が用いる白杖の目的

視覚障害のある人が用いる白杖の目的は、主に次の３つが挙げられます。

☐ 安全の確保（バンパーとしての役目）

☐ 情報の入手（アンテナとしての役目）

☐ 視覚障害を知らせるため（シンボルとしての役目）

【白杖の種類】

　白杖の先端でつくと「コツコツ」と音がするため、硬さや軟らかさを感じることができます。また、視覚障害者用の黄色い**点字ブロック**を杖の先で確認し、安全に歩行することができます。なお、白杖には、直杖式や折り畳み式のほか、下肢障害がある視覚障害者のためのサポートケーンというタイプもあります。

折り畳み式

直杖式　　　　　　　　　　　　　　サポートケーン

【視覚障害者誘導用ブロック】

　誘導ブロックは進行方向にそって線上の突起がついているものです。警告ブロックは点状の突起がついており、注意を喚起します（設置場所は、交差箇所や危険箇所、施設の前など）。

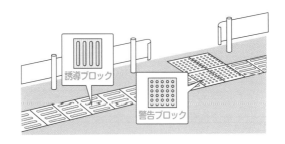

誘導ブロック

警告ブロック

視覚障害　②　歩行介助

視覚障害の人の上り階段の誘導

　視覚障害のある人にとっては、見えない分、少しの段差や急な物音など、周囲の変化にとても不安や危険を感じやすいものです。そのため、階段の上り下りや状況が変わる際には、次のことを心がけながら安全に誘導する必要があります。

手順①

階段の上り口に正面から向かい、声をかけ、上り階段であることを伝え、**階段の縁で止まる。**

手順②

最初に介護者は片足だけ一段上る。
階段に手すりがある場合は誘導し利用するよう促す。
踊り場では声をかけ、足元や状態を確かめる。
歩く速度等、声をかけながら確認し進む。
「あと何段ですよ」など、安全に歩くための**具体的な声かけ**を行う。

手順③

上りきったら、「階段は終わりです」と声をかける。

 足腰が弱い視覚障害者に対する介助

視覚障害があり足腰が弱い人に対しては、介護者は、利用者側の手で腰を支え、もう片方の手で利用者の手を握りながら並んで歩くように介助する。

「あと3歩でテーブルですよ」など具体的に情報を伝えながら介助する。

視覚障害の人の狭い道路での誘導

視覚障害のある人を狭い道路で誘導する場合には、次のことに注意しながら行います。

手順①

介護者は狭い道路に入る前に**いったん立ち止まり**、あらかじめ狭い道幅の状況を利用者に伝える。

手順②

誘導している手を自分の背中の**腰より少し上の真ん中**に回す。利用者は介護者の後ろに回り込み、自分の腕をまっすぐ伸ばす。

手順③

そのまま介護者は一歩前を歩き、その後ろを利用者が続くようにしながら一列になって歩く。広い道路に出たら、元の基本の形に戻り、進む。

精神障害

精神障害とは統合失調症や躁鬱病などの精神疾患、知的障害、てんかんのほか、薬物中毒・依存で精神に異常がある状態を指します。精神障害のある利用者を介護するには専門職との連携が重要です。

精神障害とその原因

精神障害者とは、「精神保健福祉法」において「統合失調症、精神作用物質による急性中毒又はその依存症、知的障害、精神病質その他の精神疾患を有する者」とされ、このほか「障害者の雇用の促進等に関する法律」では「精神障害者保健福祉手帳の交付を受けている者、統合失調症、そううつ病、又はてんかんにかかっている者」としています。

精神障害は、主に次の3つに大別されます。

内因的要因	遺伝、素質など原因がまだ明らかでないもの
外因的要因	けがや疾患など、脳や身体の病変によるもの
心理的ストレスによるもの	心理的・社会的なことが原因で起こるもの

ただし、これら3つの原因が絡み合って起こることもあるため、病因の特定や治療は難しく、症状も長引くケースが多くみられます。

+Care　スモールステップを心がけて

スモールステップとは、精神障害者に対して目標を定めてもらい、そこに向かって少しずつ進んでいくためのやり方です。最初はすぐにできそうなことでもよいので、**できたときの達成感**を味わってもらいましょう。そして、徐々にハードルを高くし、時間がかかっても諦めてしまわないように介護者が声かけなどを行いながらサポートします。決めた目標を一つひとつできるようになることで、自己実現を実感でき、**本人の自信につながっていく**でしょう。

精神障害者の介護

精神障害のある人のリハビリとして「**精神障害作業療法**」という方法があり、主に次のようなことを行ってもらいます。

☐ レクリエーション活動

☐ 絵を描いたり粘土をこねたりしながら作品を作って表現する（創造的活動）

☐ ものを作って売る（生産的活動）

作業療法を通して、**症状の安定**を図ったり、または**対人関係**を築いたりしながら社会生活への自立や復帰、適応の仕方などを養います。

これに対し介護者は、次のことを熟知したうえでサポートに当たる必要があります。

☐ 精神障害者福祉を理解し、熱意と根気をもつ

☐ 精神障害者の介護全般ほか、相談や助言を適切に行える知識や能力を身につける

☐ 精神障害者の人格を尊重し、本人やその家族、家庭に関する情報の秘密を守る

精神障害

111

①食事介助

精神障害の食事介助のポイント

　すべての介護においていえることですが、利用者が求めている以上に手伝わない、ということが大切です。自分でできるのに、「子ども扱い」や、「何もできない」という前提で介護をすることは、その人の自尊心を傷つけ、殻に閉じこもって心を開いてくれなくなる原因となります。

　特に、食事は楽しみのひとつでもあるので、食べやすく、楽しく食べることができるように、何をどうしてほしいか、希望を聞くことが大切です。

　また、以下のことにも気を配りながら、食事介助にあたりましょう。

一緒に食事をつくる	皮をむく、切る、味付けをする、料理を器に盛るなど、本人ができることを一緒に手伝ってもらうと、生活の中に自分の役割を見出すことができる
匂いや味を感じてもらう	意欲が低下している場合など、料理のおいしい匂いや味見をしてもらうなど五感を刺激することで、食欲増進につながったり、気分転換や生きる意欲を感じられることもある
咀しゃく力・嚥下力の把握	嚥下機能が低下している場合は、どのような食材や調理方法であれば食べやすいかを考え、咀しゃく力や嚥下力をあらかじめ把握しておき、誤嚥を防ぐ

②服薬介助

精神障害の服薬介助のポイント

　精神状態によって、暴言を吐いたり暴力をふるったりして介護拒否をする場合もみられます。そのようなとき、服薬を拒まれると症状を悪化させてしまうことがあるため、精神障害者の服薬介助においては、以下のことに注意が必要です。

☐ 自分で服薬をやめてしまったり、決められたとおりに服薬をしていないと症状の悪化につながるため、薬の保管と服薬の管理は、看護師やケアマネジャーと介護者で連携して行う

☐ 向精神薬は効くまでに時間を要することがあり、また、服用中は気力が失せたりだるくなったりすることがある。主治医と密に連絡を取りながら、薬の量や種類が適正かどうか判断してもらうためにも、よく観察し本人の様子をまめに伝える

認知症

　認知症とは脳の認知機能が低下し、日常生活に支障をきたしている状態を指します。認知症の原因疾患はさまざまで、原因疾患によって症状や進行の仕方にも違いがあります。

認知症の原因と症状

アルツハイマー病	脳の神経細胞に異常なたんぱく質が溜まり、神経細胞が破壊されることで脳の萎縮が起こる
脳血管性障害	脳の血管が破れたり詰まったりして脳の神経細胞が破壊され、その破壊された部位の機能が低下する。脳卒中ともよばれる。脳梗塞、脳出血、くも膜下出血などがある
レビー小体病	大脳皮質の神経細胞内に「レビー小体」とよばれる異常なたんぱく質が蓄積し、脳の機能が低下する疾患
前頭側頭型認知症	大脳の前頭葉と側頭葉の萎縮が目立つ脳疾患で、性格変化と社交性の消失が初期からみられる

アルツハイマー病　　　　　　　脳血管性障害

　認知症には、主に**中核症状**と**周辺症状**があります。中核症状は、脳が障害を受けて本来の機能が働かないために現れる症状で、認知症のほとんどの人にみられます。周辺症状は、行動・心理症状（BPSD）ともよばれ、脳が機能しないために不自由になった日常生活の混乱から生じ、個人差はありますが、介護の方法などで軽減する可能性があります。

【中核症状】

記憶障害	最近起こった出来事を忘れる
実行機能障害	物事を行うための順序や判断がわからなくなる
見当識障害	時間や場所、人物などがわからなくなる
理解力・判断力障害	考えるスピードが遅くなる、二つ以上のことが重なると処理できない
認知障害	言語の障害・視空間認知の障害・遂行機能障害

【周辺症状】

☐睡眠覚醒障害（不眠）　☐幻覚・妄想　☐不安・焦燥
☐抑鬱状態　☐歩きまわる（徘徊）　☐収集行動
☐攻撃的行動　☐過食・異食　☐失禁・弄便　など

認知症介護のポイント

　認知症の人は、自分が誰かわからなくなること、記憶が失われていくことに不安を感じています。認知症の人の行動には意味があります。騒いだり、徘徊したりするのは、その人の生活歴や価値観、ライフスタイルが影響していることを理解して接することが大切です。
　認知症の人の介護で気をつけたいのは、「**否定をしない**」ということです。症状によっては、幻覚や幻聴、妄想、作話が生じる人もいます。その際、頭ごなしに「違うでしょう」とか「それは幻覚や妄想です」と言うと本人は混乱し、ますます症状を重篤にしてしまいます。そのため、否定はせず、**自尊心を尊重**することが大切です。話をよく聞く姿勢を見せながら落ち着かせ、やんわりと「大丈夫ですよ」「もうありませんよ」などの言葉かけで**安心してもらうように**しましょう。

認知症

認知症
①食事介助

認知症の人の食事介助のポイント

認知症の人の場合、抑鬱状態や自発性の低下により摂食能力や食欲が衰えていることがあります。また、食べる行為を拒否したり、食べる意欲を失くしてしまったりしていることもあります。あるいは、「食べ方がわからない」「食べてよいものかどうかの判断ができない」といったケースもみられます。

このように、認知症の症状は個々によって異なるため、各症状や、そのときの状況に応じた臨機応変なケアを行うことが、介護者に求められる重要なスキルです。

そして、せかしたりせず、できる限り本人のペースに沿いながら、本人ができることを見出し、積極的にやってもらうように促しましょう。

認知症の人の食事介助を行う際、各症状に対する対応策の例を以下に挙げました。症状の度合いや性格、そのときの状態、状況、原因によっても対応は異なります。

認知症の人の食事にみられる各症状と対応策

むせ込みが多い：咀しゃく力や嚥下力が低下している場合は、いきなり水気の少ないものから口にすると、むせたり誤嚥を起こしたりしやすいので、必ず初めにお茶や白湯などの水分を飲んでもらい、口腔を潤わせる。

一点食い：同じものばかり集中して食べてしまうことがあるので、例えば「おかず」や「ごはん」を食べるごとに、みそ汁やスープ、お茶などをひと口ずつ飲んでもらうようにすると、飲み込みやすく、消化にもよい。

眠ってしまう：覚醒していないまま食事を勧めることは誤嚥につながりやすい。声をかける、肩を優しく叩く、頬をなでる、手をさするなどしながら意識をしっかりとさせる。

口を開けない：口を意図的に開けられない「口腔失行」を起こしている場合には、冷たいスプーンや口当たりのよいアイスクリーム、果物などを唇に当てると、刺激を感じて口を開けることがある。

食事を拒否する：まず、食べない原因が何なのかを探る必要があるので、ケアマネジャーや管理栄養士など他職種とカンファレンスを開き、その原因を早めに見つける。それと同時に、次のことを試しながら少しでも食べてもらうように工夫する。

・好きな献立や好物を用意する
・ごはんとおかずにこだわらずに、プリンやヨーグルト、ゼリー、甘いものなど口当たりのよいものや食べやすいものを勧める
・俵型のおむすびやサンドウィッチなど、食べやすい大きさのものや手軽につまみやすいものなどを勧める
・ごま油やしそ、みそ汁など、香りのよいものを取り入れたり、調理の炒める音や、煮込む音などを聞かせて、嗅覚や聴覚を刺激したりして食欲を引き出す
・盛り付け方や食器、ランチョンマット、花など、料理や食卓に用いる色使いは、黄色やオレンジ、赤色などにして食欲を増進させて気分も明るくなるような工夫をする

食べ方がわからない：食べてよいものかが判断できなくなっていることがあるので、「炊きたてのごはんですよ」とか「焼いたお魚ですよ」など、献立の内容を伝えながら口元に持っていくと、記憶がよみがえって食べることを思い出す場合がある。

道具の使い方がわからない：箸やスプーンの使い方がわからなくなっていることがあるので、実際に箸やスプーンを手に取って使い方を見せたり、一緒に手を添えながら使い方を説明したりすると、記憶がよみがえって自ら食べ始めることもある。

他の食べ物が目に入らない：今食べているもの以外が視界に入らない「視空間失認」を起こしていることがある。そのようなときには、他の食べ物の器を見ているもののそばへ寄せるなどする。

②排泄介助

▌認知症の人の排泄介助のポイント

　認知症の人に限らず注意すべきことですが、あくまでもその人の尊厳とプライバシーへの配慮を忘れないようにしましょう。

　また、失禁などで失敗しても、**大きな声で注意したり怒ったりしない**ようにします。決して無理強いせず、その日の状態や様子などをよく見ながら、トイレ誘導や排泄介助を行いましょう。

　次のような場合に対する介助例を参考にしてください。

　トイレに行くのを嫌がる：「恥ずかしい」「他人に見られたくない」など、さまざまな理由があるので、例えば、他の人に聞こえないように耳元で「トイレに行きませんか？」と伝えたり、「お散歩しましょうか？」と誘い、そのついでにトイレに立ち寄るように促したりする。

　おむつやパッドの交換を嫌がる：「おむつやパッドを交換する目的がわからなくなっている」あるいは、「おむつやパッドの交換を不快に感じている」など、いろいろな理由が考えられる。そのままにしているのは衛生的でなく、また無理に交換することは、心を閉ざす結果を招く。そういった場合には、
　・着替えの際に一緒におむつ交換を行う
　・本人が好きな話題を挙げて盛り上げながら、さりげなく交換するように声をかける
　・気分のよいときを見極めて、交換するように伝える
などを試みる。なお、おむつやパッドの交換は素早く行って、不快感を与えないようにする。

認知症

③入浴介助

認知症の人の入浴介助のポイント

　食事や排泄のときと同様に、入浴を拒否する認知症の人も少なくありません。この場合も、強引に入浴させようとすると、ますます入浴を嫌ってしまうことになりかねないので、次のようにさまざまな声かけや介助を工夫してみましょう。

- [ ] 「お風呂が沸いたので入りましょうね」と、時間をおいて声かけを行ってみる

- [ ] 温泉の素（もと）などの入浴剤を浴槽に入れて、「今日は温泉に入りましょうね」など、温泉気分を感じてもらえるような声かけや演出をしてみる

- [ ] 入浴中に貴重品や衣類が盗られる「物盗られ妄想」などがある場合には、透明の袋に衣類などを入れて中身が見えるようにし、本人のそばに置いて安心させる

- [ ] 浴室まで連れていき、湯気の立ち上る浴槽を見せると、入浴する気になることもある

- [ ] 笑顔を見せながら話しかけて、コミュニケーションを円滑にしながら入浴してもらう

- [ ] 入浴前に、好きな甘い物やジュースなどを口にしてもらったり、あるいは「お風呂から出たらおいしいフルーツジュースを飲みましょうね」「プリンを食べましょうね」など、本人の好物が用意してあることを伝えていたりすると、入浴を楽しく感じられる場合がある

- [ ] 施設などで、他の人と入るのを嫌がる場合には、一人で入ってもらえるように入浴の時間帯を工夫する

④睡眠介助

認知症の人の睡眠介助のポイント

　認知症の人の場合、夜眠れずに歩き回ってしまい、日中は眠くてせん妄を起こすなど「**昼夜逆転**」がみられることがあります。そのため、次のような快眠につながるための工夫が重要です。

シーツやパジャマ	糊(のり)づけをせず、柔らかくて吸湿性に優れた綿などの素材を用いる。柔らかいものに触れることで、安心感を得ることができる
温度や湿度	室温は、冬なら13〜15℃、夏なら25℃前後に。湿度は40〜60％が好ましいとされる
照明	認知症の人が眠る際、室内を真っ暗にしてしまうと不安を感じて逆に眠れなくなったり、目覚めたときに幻覚や意識障害を生じたりすることがあるので、枕元は暗くし、足元などにほのかな明かりを点けておくとよい
寝る前	入浴しない日は、手浴(しゅよく)や足浴(そくよく)を行うと末梢(まっしょう)神経が温められて血流を促し、心身ともに癒やされて眠りやすくなる
睡眠導入剤	目覚めた後でも意識が朦朧(もうろう)としていたり、日中に居眠りが出てしまったりするようであれば、服用量や種類が合っていないと考えられる。そのような場合には、余計に意識低下を起こさせ、幻覚や幻聴の原因にもなりやすいので、主治医や専門医に早めに相談し、薬を見直してもらう
不安や寂寞感(せきばくかん)	認知症特有の不安症状から眠れないという人がいるので、その際には介護者が傾聴やタッチングなど、その人や状況に応じたケアを行いながら安心感を得てもらうようにする

⑤口腔ケア

▌認知症の人の口腔ケアのポイント

　認知症の人の場合、「歯を磨く行為自体を忘れてしまう」「義歯の着脱の仕方がわからなくなる」などの症状がみられます。そのようなときでも、介護者はできることを見つけて促したり、一緒に歯磨きをしたりして思い出してもらうように努めましょう。

　また、以下のようなケースに対しての対応策も挙げましたので、試してみてください。

　歯ブラシや歯磨き剤を嫌がる：歯ブラシや歯磨き剤にこだわらず、専用の清拭剤をつけた脱脂綿やガーゼを人差し指に巻いて、口腔清掃を行うのもよい。その際、舌や頬の内側の汚れた粘膜も優しくていねいに拭き取る。

　口を開くことができない：顔面の筋肉が緊張していたり、顎が開けにくくなっていることがあるので、口腔ケアの前に口の周りや頬、顎の関節のあたり、首筋や肩などを優しくさすると緊張が緩み、口も開けやすくなる。

　口を閉じてしまう：口腔ケアの目的がわからず、口を閉じてしまう人に対しては、よく声をかけて安心させながら専用の開口器などを用いたり、指をガードする指サックをかんでもらったりする。口を常にモゴモゴしたり舌を常に動かしたりしてしまう「オーラルジスキネジア」がある場合、いきなり歯ブラシを入れると粘膜や舌を傷つけることがあるので、タイミングを図り、脱脂綿やガーゼを指に巻いて歯ブラシ代わりにするなどの工夫をする。

　口に触れられるのを嫌がる：触れられることを不快に感じ、口腔ケアを拒否する人に対しては、よく声をかけ、傾聴しながら、同時に手や肩に触れてみる。徐々に触れることで慣れてくれることもある。ただし、タッチングを嫌がる人に対しては、根気よく別の方法を探る。

⑥衣服の着脱介助

認知症の人の衣服の着脱介助のポイント

認知症の人の場合、着衣失行を生じていると、衣服をスムーズに着ることができなかったり、何をどのように着たらよいのかがわからなくなったりすることがあります。

そんなとき、「そうじゃありません」とか「こう着るんですよ」など、否定したり、先にどんどんやってしまうと、認知症の人の気持ちを傷つけ、余計に混乱してしまい、症状を悪化させかねません。次のことに注意しながら、衣服の着脱介助を行いましょう。

☐ 上着を履こうとしたり、ズボンを腕に通そうとしたりしたら、「上着はここから手を通しましょうね」と袖を広げ、腕を優しく取って袖へ誘導する。ズボンは、履き口を足元に持っていき、足が入れやすくなるように促す

☐ ボタンやホックは留め方がわかるようにやってみせ、手を添えて誘導しながら一緒にやってもらう

☐ 襟元や裾は「襟を直しましょうね」などと声をかけて、一緒に手を添えながら襟を直したり、裾を引っ張ってもらったりなどし、本人ができることを促して、自信を得てもらう

第3章

急変時対応

利用者の容態に変化がみられた場合、介護職には、いち早く気づき、適切に対応することが求められます。救急搬送の要否の判断や、一次救命処置の実施などについての知識が、冷静な対処につながります。

急変時対応の基本

観察ポイント

　利用者が緊急な容態に陥った際、どのような状態かを判断し、介護職として瞬時に対応するためには、第一に**的確な観察力**が要求されます。次の点を参考に、少しの変化も見逃さないようにしっかりと観察しましょう。

声かけには反応するか？	➡	声を出す、うなずく、手を握り返す、目を開けるかなどを確認
呼吸はどうか？	➡	普段どおりの呼吸があるかを確認
顔色はどうか？	➡	血圧の上昇で顔が赤い、血流不足でチアノーゼが出ていないかなどを確認
バイタルサインはどうか？	➡	呼吸数や状態、脈拍数、体温、血圧を確認
外傷はないか？	➡	頭や身体のけが、打撲、骨折などを確認
出血はないか？	➡	出血があれば、直ちに止血し（➡ 直接圧迫止血法 P.175）、止血部を心臓よりも高く上げさせる

+Care　利用者の緊急時の変化を察知するために一番大切なのは、**通常のバイタルサインの数値や、顔色、表情、動作などをよく知っておく**ことです。日頃の状態がわかっていれば、緊急時の様子の違いをすぐに見極めることができます。

嘔吐・嘔気はないか？	➡	麻痺がなければ、右側を下にして横を向かせ（右側臥位）、吐きやすい姿勢にさせる※
悪寒、冷や汗、震えはないか？	➡	糖尿病のある人は、食事時間と摂取量を確認
痙攣はないか？	➡	どのような痙攣なのかを観察
しびれはないか？	➡	しびれの部位や状態（力が入らない、動かないなど）を確認

※薬物中毒などの場合は、腸への流出を防ぐため、左側（胃底部）を下にした回復体位にする。

安全確保・気道確保の重要性

利用者が急変し、もしも**床や地面に倒れた場合**には、**身体への衝撃が心配**されます。

台所であれば火気への接触が、冬場の脱衣所やトイレなどであれば寒さも心配です。

どのような**場所**で、どのような**状態**のときに急変したのかを必ず確認したうえで、必要なら**利用者を移動させ、安全をすぐに確保**することが重要です。

安全確保を怠ると、第二の事故やけがなどを招く

また、同時に重要となるのが気道の確保です。呼吸が止まってしまうと、脳や心臓への酸素供給が途絶えて、全身の細胞の活動が停止しくしまい、死に直結します。**安全確保**と**気道確保**は、どちらも速やかに行う必要があります。

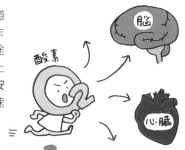

125

救急車の要請

救急車を要請する場合には、慌てずに、深呼吸を数回行うなど、いったん自分自身を落ち着かせてから行動しましょう。

① 119番に電話をする前に

・利用者の年齢、性別、住所、電話番号、症状、既往症などの情報があれば用意し、来てもらう場所の目印などを確認する。

② 119番に電話

・携帯電話からかけると発信場所の特定が難しくなるため、できるだけ固定電話から通報する。
・その場で救急隊員からの指示を受けることがあるため、固定電話が利用者から離れている場合には、携帯電話から通報する。

③ 状態を伝える

・利用者の名前、性別、年齢、住所、電話番号、症状を具体的に伝える。
・救急車が到着するまでに介護職が行えることがあるか聞く。

④ 救急車の到着まで

・呼吸がない場合は、胸骨圧迫（心臓マッサージ）を行う。AED（➡自動体外式除細動器P.133）があれば用いる。
・家族など緊急連絡先に連絡する。
・保険証、お薬手帳の保管場所がわかれば用意しておく。

⑤ 救急車の到着後

・救急隊員に利用者の状態を伝える。
・家族などの到着が間に合わない場合、必要であれば介護職が救急車に同乗する。

+Care　救急車の到着までに、家族や関係者などが来るのが間に合わなければ、介護職が付き添う必要があるかもしれません。その場合には、所属している**事業所にすぐに連絡**をします。
　その際、利用者の**保険証**や**お薬手帳**があれば、搬送先の医療機関に持参します。

一次救命処置とは？

　一次救命処置とは、状態が急変し、呼吸をしていない人や心臓が止まっている人などに対して行う初期の救命活動のことです。そのうち、胸骨圧迫（心臓マッサージ）と人工呼吸をあわせて**心肺蘇生**とよびます。一次救命処置では、主に以下の処置を行います。

気道の確保

胸骨圧迫

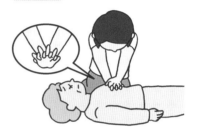

人工呼吸

AED による心臓への電流ショック

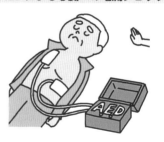

+Care　2020 年のガイドラインでは、有効な**胸骨圧迫**（➡ P.132）の重要性が強調されています。仮に傷病者が心停止していなかったとしても、胸骨圧迫を行ったために大きな害を与えることはまれであり、呼吸の有無や心停止しているかどうかがわからない場合であっても、**胸骨圧迫を開始する**こととされています。

心停止に陥ると、1分過ぎるごとに助かる確率が7～10%減っていくといわれています。そのため、救急車が到着するまでの間に一次救命処置が行われるかどうかによって、利用者の生存率は大幅に変わります。介護職は、P.127に挙げた一次救命処置のそれぞれのやり方を事前に習得しておくことが大切です。

▍突然倒れた人や反応がない人への対応

突然倒れたり、反応がなかったりする場合には、以下の流れをふまえながら、一次救命処置を行います。

①周囲の安全確認を行い、危険な場所であれば安全な場所に移動します。大出血している場合は、止血処置を行います。

⬇

②反応を確認／肩などを軽く叩きながら、呼びかけて反応をみます。

⬇

③反応がない、また判断に迷うときにも、大声で叫び、応援を呼びます。

⬇

④119番通報およびAEDの手配をします（誰もいなければ自分で通報し、AEDは近くにあれば取りに行く）。

※通信指令員の指示に従う。　⬇

⑤呼吸を確認／普段どおりの呼吸があるかどうかを確認します。わからないときは、胸骨圧迫を開始します。

⬇

⑥呼吸がなければ、胸骨圧迫を行います。胸骨が約5cm沈むように、100～120回/分の速さで、できるだけ絶え間なく行います。

⬇

⑦気道を確保し、人工呼吸の技術と意思があれば、2回行います。以後、胸骨圧迫（30回）と人工呼吸（2回）を繰り返します。
※人工呼吸がためらわれる場合は、胸骨圧迫のみを続けます。

⬇

⑧AEDが到着したら、電源を入れ、AEDの音声ガイダンスに従います。

⑨救急隊員に引き継ぐか、普段どおりの呼吸を始めたり、目的のあるしぐさがみられたりするまで、AEDの音声ガイダンスに従って、胸骨圧迫を続けます。胸骨圧迫は、強く、速く、絶え間なく行います。

安全の確保の仕方

急変して倒れた人がいたら、介護職には、速やかにその場所と周辺の状況を把握し判断する素早い洞察力が求められます。慌てずに落ち着いて、倒れた人の**安全を確保**しましょう。ただし、倒れている人に近寄る前に、周囲の安全を確認する必要があります（車の往来や落下物など）。

倒れた場所が床や屋外の場合

衣類やタオルを頭や身体の下に敷くなどし、全身をガードします。

発熱し、悪寒（おかん）がある場合

毛布や衣類で全身を包むなどして保温します。

周囲に物が散乱している場合

接触しそうな物があれば移動させ、救急隊員が搬送しやすいように周囲を空けておきます。

熱中症の場合

涼しい場所に移動させ、水分と塩分を補給しながら、腋窩（えきか）（腋の下）、大腿部（だいたいぶ）（太もものつけ根）、頸部（けいぶ）などを冷やします。

呼吸の観察

呼吸をしているかどうかは、以下のように胸や息遣いで確認します。呼吸をしていないようであれば、直ちに胸骨圧迫（➡P.132）を行います（判断に迷う場合にも同様に行う）。

●胸部が上下に動いているか？
●倒れている人の口元に頬を接近させると、息遣いが感じられるか？

また、呼吸をしている場合でも、その音や様子に注意し、どのような症状や状態かを観察して対処しましょう。

●金魚が口をパクパクしているような呼吸
　➡死戦期呼吸です。心停止とみなし、胸骨圧迫を行います。
●痰が絡んで「ゼーゼー」という音がする（喘鳴）
　➡上体を倒して背中を軽く叩きながら、痰を出しやすいように促します。介護職で痰吸引を行える場合（P.197）は、吸引器を使って痰を取り除きます。
●心臓病などを抱えている
　➡仰臥位では苦しいので、セミファーラー位にさせます。
●嘔気がある
　➡回復体位（➡P.135）にします。

+Care　次のような呼吸の状態には注意が必要です。

鼻翼呼吸　鼻孔（鼻の穴）が広がる、呼吸困難の努力呼吸
————————————————————— **重篤な呼吸不全を示す**

下顎呼吸（あえぎ呼吸）　口や下顎をパクパクさせているような呼吸
————————————— **死亡直前、重篤な呼吸不全を示す**

陥没呼吸　吸気時に胸骨部や肋間がへこむ ————————— **上気道閉塞**など

チェーンストークス呼吸　無呼吸と徐々に大きくなりまた弱くなる呼吸を繰り返す ————————— **脳出血、尿毒症、重症心不全**など

気道の確保

舌根の沈下や異物などにより、気道閉塞をきたしている場合の処置です。頭部後屈顎先挙上法と下顎挙上法があります（原則として下顎挙上法は介護職は行いません）。気道ができるだけ開くようにすることを重視して行いましょう。

頭部後屈顎先挙上法

口が閉じる程度に下顎を軽く持ち上げ、頭部を後ろに反らします。舌が気道に落ち込むことを防ぎ、気道を確保できます。ただし、頸椎損傷のおそれがある場合には、呼吸が停止することがあるため行いません。

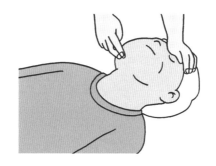

下顎挙上法　※原則として介護職は行いません。

受け口になるように、両手で下顎を軽く持ち上げます。頭部後屈顎先挙上法のように頭部を後ろに反らさせないため、頸椎に損傷のおそれがある場合でも行えます。

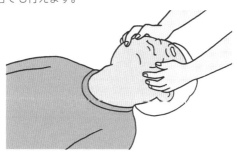

胸骨圧迫（心臓マッサージ）

心臓が止まると全身に血液が巡らなくなり、身体が動かない、意識がない、瞳孔が開くなどの症状が現れます。また、呼吸も止まるために酸欠状態となり、神経細胞の壊死が起こって脳障害につながります。

①仰臥位にし、気道を確保します（➡P.131）。

⬇

首元のボタンやファスナーは外します。

⬇

②胸骨部の下半分（胸の真ん中）に両手を重ねて置き、両肘を伸ばして垂直に体重をかけるようにしながら、胸が約5cm沈むように、強く、速く、圧迫を繰り返します。

⬇

③1回押すごとに力を抜くようにし、胸部の高さが元に戻るのを確認し、圧迫を解除することが大切です。1分間に100〜120回の速さで行いましょう。圧迫を解除したときに、自分の手が対象者の胸から離れないようにします。

⬇

④救急車が到着するまで、胸骨圧迫を30回、人工呼吸を2回ずつ繰り返します（人工呼吸を行わない場合は、胸骨圧迫を続ける）。

⬇

⑤胸骨圧迫は途切れないように、救助者がほかにもいれば、交代しながら行います。強く、速く、絶え間ない胸骨圧迫が重要です。

AEDの使い方

AEDとは、「Automated External Defibrillator」の略称で、**自動体外式除細動器**のことです。心臓の心室に細動が起こると重い不整脈が生じ、心臓が痙攣したり停止したりします。そのときに、このAEDを使って電気を流してショックを与えると、心室細動を取り除くことができます。心臓が停止している場合には、3分以内にAEDによる電流ショックを行うことが有効とされています。

AEDは、病院や介護施設のほか、駅や学校、交番、警察署、役所などにも設置されています。

【AEDの操作方法】

①心臓が停止している人を仰臥位にし、そばにAEDを置いて電源を入れます。AEDによる電流ショックを行う直前まで、胸骨圧迫を続けましょう。

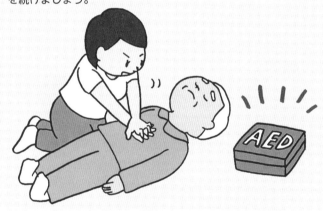

②AEDの音声ガイダンスをもとに、仰臥位にした人の衣服のボタンを外し、胸をはだけさせます。

③シール状の電極パッド（2点）を取り出し、AEDに記載されている図解を見ながら、肌に密着させて貼ります。

　このとき、貴金属類はすべて外します。ペースメーカーや中心静脈栄養法（IVH）用のルートなどの突起部が上体にある場合には、その部位を避けて電極パッドを貼ります。身体が濡れているときは、よく拭いてから行いましょう。電極パッドの位置に貼り薬や湿布等がある場合には、剥がします。

④電極パッドを貼ったら、周囲の人はいったん離れます。AEDによる電流ショックが必要かどうかが自動で判断され、必要であれば「ボタンを押してください」と音声ガイダンスが流れます。

⑤電極パッドを貼られた人と接触している物や人がいないかを周りの人にも確認してもらってから、ボタンを押します。

⑥電流が流れた後、電極パッドを貼ったままで、再び胸骨圧迫を再開します。

↓

⑦AEDは、2分おきに自動的に心電図の解析を始めます。音声ガイダンスに従ってください。「ショックは不要です」の音声が流れたら、直ちに胸骨圧迫から心肺蘇生を再開してください。

↓

⑧救急車到着まで、AEDの音声ガイダンスに従い、⑥から⑧を繰り返し行います。普段どおりの呼吸を始める、または目的のあるしぐさがみられたら、回復体位にし、救急車の到着を待ちます。電極パッドは剥がさず、電源も入れたままにします。

回復体位

側臥位から、顎を少し前に出して気道を確保し、上側の手の甲に顎を乗せて安定させる。上側の膝を90°に曲げて姿勢を安定させる。

+Care　AEDは、必要がない場合にボタンを押してしまっても電流が流れないようになっています。初めての人や慣れていない人でも安心して使えますが、介護職としては、講習などでAEDの操作方法や機器について理解しておくことが必要です。

異物の除去

高齢になると、餅や硬い物などが上手く飲み込めずに、誤って気道に入ってしまうことがあります。気道に異物が入ると呼吸できなくなり、窒息により死に至ることもあります。次の方法を用いて、一刻も早く異物を取り除きましょう。

指で取り出す

異物が口の中で見えていれば、上体を少し前傾させ、口を開けてもらい、指で取り出します。

箸などの棒でかき出すことは厳禁です。喉を突いて傷つけるなど、第二の事故を招きかねません。

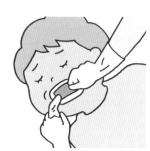

吸引器で吸い出す

異物が口の中で見えていれば、上体を少し前傾させ、口を開けてもらい、吸引器で異物を吸い出します。

背部叩打法

上体を支えながら頭が胸より低くなるよう前傾させ、左右の肩甲骨の中央を、手のつけ根で叩きます。

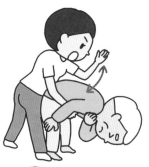

ハイムリック法（腹部突き上げ法）

後ろから抱えるかたちで、みぞおちの下に当てた手で握り拳をつくり、もう一方の手で握って、手前上方に突き上げます。

バイタルサイン

バイタルサインとは？

バイタルサインとは、生命活動の徴候を示す指標であり、全身の状態を把握するうえで必要な基本情報です。主に、**血圧、脈拍、呼吸、体温**がバイタルサインの基本とされ、これらの数値によって、生命維持に危険な状態かどうかを判断することができます。

バイタルサインを測定する前後には、次のことに必ず注意を払いましょう。

【測定時のポイント】

- ●利用者の身体にいきなり触れるのではなく、声をかけ、これから行うことを事前に伝えてから測定します。
- ●測定中は利用者と話したりせず、静かに見守ります。
- ●利用者の顔色、表情、声、動作など、全身の様子もしっかりと観察します。
- ●手や足、顔などに触れたときに、いつもより冷たくないか、唇が乾いていないか、発汗がないかなど、**普段との違いをチェックしましょう。**
- ●測定前には排尿や排便を済ませてもらい、15分以上経過し、リラックスした状態で測定しましょう。
- ●食後や入浴、散歩などの活動直後の測定は避けます。
- ●バイタルサインは時間帯や活動内容によっても変動しやすいので、**普段の正常値をあらかじめ把握**しておきましょう。
- ●毎日測定する場合は、できるだけ同じ時間帯に測定するようにしましょう。

血圧

血圧とは、心臓から送られた血液が動脈の血管壁に与える圧力のことです。通常、心臓が縮んだときの血圧状態を**収縮期血圧（最高血圧）**といい、心臓が膨らんだときの血圧状態を**拡張期血圧（最低血圧）**といいます。

正常な血圧、高血圧の目安は下の表のとおりです。一般的には、高齢になると血圧が高くなる傾向にあります。

【成人の血圧分類と数値の目安】（診察室血圧の場合） （単位／mmHg）

分類	収縮期血圧		拡張期血圧
正常血圧	<120	かつ	<80
正常高値血圧	120〜129	かつ	<80
高値血圧	130〜139	かつ/または	80〜89
Ⅰ度高血圧	140〜159	かつ/または	90〜99
Ⅱ度高血圧	160〜179	かつ/または	100〜109
Ⅲ度高血圧	≧180	かつ/または	≧110
（孤立性）収縮期高血圧	≧140	かつ	<90

資料：「高血圧治療ガイドライン2019」日本高血圧学会

高血圧の状態が続くと、脳血管疾患、心疾患、腎疾患などが起こりやすくなります。また、低血圧の状態が続くと、めまい、立ちくらみ、倦怠感、頭痛などが起こりやすくなるため、血圧が高すぎても低すぎても注意が必要です。

自動血圧測定器による測定の基本手順（上腕で測定する場合）

①座位（側臥位でも可）で深呼吸（鼻
から吸って口から吐く）を数回行
い、安静にしてもらいます。

②測定器の付属カフを上腕に巻きます。

③カフを巻いたほうの手のひらを上
に向け、カフが心臓の高さになる
ようにします。

④スイッチを入れ、測定が終了するまで、そのままの姿勢を保ち
ます。

介護職には、自動血圧測定器以外（**水銀式**や**アネロイド式など**）に
よる**測定は認められていません**（➡P.197）。

バイタルサイン

139

【血圧測定の際の注意点】

●麻痺がある場合には、健側（麻痺のない側）の上腕または手首で
測定しましょう。

●側臥位で測定する場合は、麻痺側を上にして、健側の上腕で測定
します。

●カフは強く締め付けると、正しい数値が出にくくなるので、締め
る強さに注意しましょう。

●カフの位置を心臓よりも下げてしまうと、測定値に誤りが出やす
いため、十分に注意しましょう。

●他の電子医療機器などを用いている場合は、相互の障害が起こる
おそれがあるため、事前に医師か看護師に確認しましょう。

脈拍

脈拍とは、心臓から血液が全身に送られる際、動脈に生じる拍動(はくどう)のことです。脈拍数の正常値と異常を示す数値の目安は下の表のとおりです。

【脈拍数の目安】

正常値	60～80回／分
徐脈(じょみゃく)	60回／分未満
頻脈(ひんみゃく)	100回／分以上

低体温や血圧上昇を原因として徐脈になることがあります。脈拍が60回／分未満で、動悸(どうき)やめまい、ふらつき、意識の消失を伴う場合は、速やかに救急車をよびます。AEDがあれば準備しましょう。また、脈拍がふれず、呼吸が停止した場合には、すぐに一次救命処置を行います。

突然150回／分以上となった場合は、頻脈性不整脈(ひんみゃくせいふせいみゃく)が疑われます。動悸や呼吸困難、顔面蒼白(がんめんそうはく)、冷や汗を伴う場合には、一刻も早く救急車をよびます。心筋梗塞の既往症がある場合などには、心室細動に移行することも考えられます。AEDがあれば準備しましょう。

バイタルサイン

【脈拍数の測定の基本手順】（橈骨動脈で測定する場合）

①座位か仰臥位の姿勢で深呼吸を
　数回行い、安静にしてもらい
　ます。

↓

②親指側の手首にある橈骨動脈に、介護者の人差し指、中指、薬指
　の腹を軽く当て、脈動の位置を確認します。

↓

③時計を見ながら1分間の脈拍数を数えます。

【測定の際の注意点】

●麻痺がある場合には、**健側の腕または手首**で測定しましょう。

●脈拍数とともに、脈拍の**速さ**、**強弱**、**リズム**なども確かめます。

▌呼吸

　呼吸とは、酸素を体内に取り入れ、二酸化炭素を体外に排出することです。深呼吸をするように、肋骨を大きく広げて息を吸う「**胸式呼吸**」と、お腹を膨らませて横隔膜を上下させる「**腹式呼吸**」があります。呼吸が苦しいときには、顎や肩を大きく動かす「努力呼吸」となります。また、心疾患の発作時には、起座呼吸（座った状態での努力呼吸）がみられます。

　成人の正常な呼吸数と異常を示す呼吸数の目安は、下の表のとおりです。

【呼吸の目安・特徴と疑われる疾患】

	種類	目安・特徴	疑われる疾患
呼吸数	正常呼吸	16〜20回／分	―
	徐呼吸	12回／分以下	頭蓋内圧亢進など
	過呼吸	深さが増す	過換気症候群など
	無呼吸	一時的に呼吸が止まる	睡眠時無呼吸症候群など
呼吸のパターン	チェーンストークス呼吸	無呼吸→徐々に深い呼吸→弱くなる→数十秒以上の無呼吸を繰り返す	脳出血、腎不全、尿毒症、心不全、終末期など
	ビオー呼吸（失調性呼吸）	深く速い呼吸が突然停止し、また元に戻る不規則なもの	脳腫瘍、脳外傷
	クスマウル呼吸	異常に深くゆっくりとした呼吸が、発作性にみられる	糖尿病性ケトアシドーシス
呼吸の様子	喘鳴	ヒューヒュー、ゼーゼーという呼吸音	喘息、上気道感染症、死前喘鳴
	鼻翼呼吸	吸気とともに鼻翼を広げる努力呼吸	呼吸不全

	種類	目安・特徴	疑われる疾患
呼吸の様子	下顎呼吸	極めて重篤な身体状態。下顎だけを動かす努力呼吸	重篤な呼吸不全
	陥没呼吸	胸腔内が強い陰圧になり、胸の真ん中の胸骨の上や肋骨と肋骨の間が息を吸うとへこむ	呼吸窮迫症候群（新生児、乳児）
	起座呼吸	臥位になると呼吸困難が強くなり、上体を起こすと呼吸が楽になる	心疾患の発作時

　高齢になると、呼吸自体が浅くなる傾向にあります。老化に伴い肺の弾力が衰えて、肺活量が低下することが原因です。**呼吸数**が正常でも、**呼吸の様子**や**パターン**などをあわせて観察する必要があります。

【呼吸数の測定の基本手順】

①座位あるいは仰臥位で、できるだけ安静な状態になってもらいます。

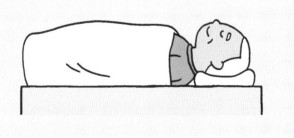

⬇

②胸の動きを見ながら、1分間の呼吸数を測定します。

【測定の際の注意点】

●呼吸の仕方は意識的にコントロールできるため、できるだけ自然な状態（本人が眠っているときなど）や安静状態で気づかれないように測定することが大事です。

●呼吸をしているときの**表情**や**顔色**、**姿勢**、呼吸の**強弱**、**音**などにも注意を払いましょう。

体温

体温とは、心臓から送り出された血液が大動脈を流れるときの温度のことです。身体に何らかの異常が生じたり、細菌やウイルスなどの病原菌が侵入したりすると、体温が上昇します。

風邪やインフルエンザ、脱水、精神的興奮、肺炎や腫瘍などの症状でも発熱は生じます。また、高齢者は感染症にかかっていても体温が上昇しないことがあります。微熱でも軽視せずに、しっかりと経過を観察しましょう。

体温の異常を示す数値は、以下のとおりです。

【体温の異常の目安】

低体温	35℃台または35℃以下
平均体温	35.5〜37.5℃
微熱	37〜37.9℃
中等度の発熱	38〜38.9℃
高熱	39℃以上

+Care　体温は個人差が大きいので、**その人の健康時の体温を基準として考える**必要があります。普段から、その人の平熱を知っておきましょう。

また、体温は1日の中でも変動し、食事や運動の影響も受けます。

高齢になると新陳代謝が低下するため、比較的体温は低くなる傾向にあります。

　なお、体温を測定できる身体の部位は、腋窩（腋の下）、耳（外耳道）、口腔、肛門（直腸）などがありますが、腋窩での測定が一般的です。

【電子体温計による測定の手順】（腋窩で測定する場合）

①腋窩の汗や水分をよく拭き取ります。

②体温計を30～45°の角度で下から腋窩に挟みます。

③体温計がずり落ちないように、腋窩と腕を締めて密着させてもらいます。

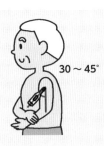

30～45°

【測定の際の注意点】

●麻痺がある場合には、健側の腋窩で測定しましょう。

●体温計を腋窩に挟みにくい場合は、耳式の電子体温計で測定します。

●施設などで体温計を共有して用いる場合には、感染症予防のため、測定後は体温計を必ずアルコールなどで消毒してから保管します。

+Care　介護職には、**水銀式体温計による腋窩での測定**と、**電子体温計による腋窩と外耳道での測定**のみが認められており、それ以外の測定は行うことができません（➡ P.197）。

第4章

状態別・症状別急変時対応

利用者の意識や呼吸の状態に異常がみられたときや、体調不良を訴えたとき、何らかの事故が起こったときに、まず何をするべきか。どのような情報が必要か。利用者の状態や症状ごとにみていきましょう。

意識の変化

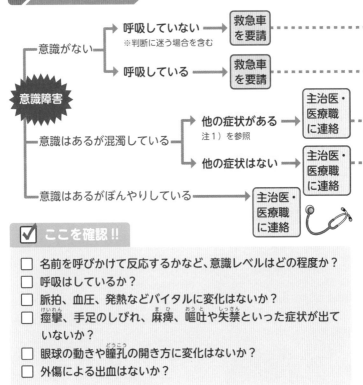

行動チャート

意識障害

- 意識がない
  - 呼吸していない ※判断に迷う場合を含む → **救急車を要請**
  - 呼吸している → **救急車を要請**
- 意識はあるが混濁している
  - 他の症状がある 注1）を参照 → **主治医・医療職に連絡**
  - 他の症状はない → **主治医・医療職に連絡**
- 意識はあるがぼんやりしている → **主治医・医療職に連絡**

✓ ここを確認!!

- ☐ 名前を呼びかけて反応するかなど、意識レベルはどの程度か？
- ☐ 呼吸はしているか？
- ☐ 脈拍、血圧、発熱などバイタルに変化はないか？
- ☐ 痙攣、手足のしびれ、麻痺、嘔吐や失禁といった症状が出ていないか？
- ☐ 眼球の動きや瞳孔の開き方に変化はないか？
- ☐ 外傷による出血はないか？

+Care

熱中症が疑われる場合は、速やかに救急車を要請し、一次救命処置や次のような応急処置を行います。

- ・**涼しい場所**に移動し、身体を**冷や**す。
- ・可能ならば、**水分と塩分を補給**する。
- ・衣服を緩め、足を高くして寝かせる。
- ・手足の先から中心に向けてマッサージを行う。

注1）注意すべき「他の症状」とは…
　　　目つき（状態）、嘔吐、失禁、痙攣、手足のしびれ、麻痺、冷や汗、発熱など。

・・・・・・▶救急車到着までの間、一次救命処置を行う（➡ P.127）

・・・・・・▶他の症状があるかどうかをチェック
　　　注1）を参照

意識障害時の応急処置

・・・・・・連絡がつかない場合は・▶ 救急車を要請

○意識レベルと呼吸を確認する。呼吸がみられない場合、一次救命処置を行う。

・・・・・・連絡がつかない場合は・▶ 救急車を要請

○呼吸がある場合は回復体位（➡ P.135）にする。

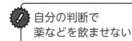

自分の判断で
薬などを飲ませない

○安全な場所（戸外であれば風通しのよい日陰、室内であれば換気がよく、やや暗い場所）に慎重に移動させる。

意識レベルの確認

　利用者が意識障害を起こした場合には、まず簡易な方法で意識レベルを確認します。3-3-9度方式（JCS法）による意識レベルの判断基準（➡ P.150）では、意識レベルが低いほど数値が高くなります。意識レベルが３ケタの場合は昏睡状態に陥っているため、速やかに救急車を要請します。２ケタの場合は、他の症状を勘案する必要があるため、医療職へ連絡して指示に従います。ただし、認知症がある場合には、半昏睡状態や混迷状態などの判断が難しいケースもありますので、普段から医療職に相談しておくと安心です。

　確認方法①軽く肩を叩きながら、耳元で大声で名前を呼ぶ。
　確認方法②爪を立てて押しつけて痛み刺激を与える。または胸骨に
　　　　　　人差し指の第二関節部分を押し当ててグリグリと押す
　　　　　　（高齢者の場合には骨折しないように注意が必要）。

意識の変化

149

【3-3-9度方式（JCS法）による意識レベルの判断基準】

Ⅲ	刺激をしても覚醒しない状態	300	痛み刺激にまったく反応しない
		200	痛み刺激に軽い手足の反応をみせる、顔をしかめる
		100	払いのけるようなしぐさをする
Ⅱ	刺激をすると覚醒する状態	30	呼びかけや痛み刺激を与え続けるとかろうじて目を開ける
		20	大きな声で呼びかけたり身体を揺さぶったりすると目を開ける
		10	普通に呼びかければ目を開ける
Ⅰ	覚醒している状態	3	自分の名前、生年月日などが言えない
		2	見当識障害がある
		1	なんとなくぼんやりしている

※ JCS：Japan Coma Scale

事例をチェック ≫≫≫ 睡眠中に脳梗塞が起こった事例

ふだんは… 78歳の男性。毎日午後になると昼寝をし、1時間くらいで起きて、居間に出てくる。今までいびきをかいたり、無呼吸になったりすることはなかった。

その日は… いつものように昼寝を始めたが2時間経っても起きてこなかった。部屋に行くと、大きないびきをかいて眠っていた。名前を呼ぶが返事はなく、身体をゆすってもまったく反応がなかった。また呼吸が時々止まるような様子もみられた。おかしいと思って救急車を呼び、病院を受診すると、脳梗塞と診断された。

ドクターからひとこと 刺激をしても反応がまったくないのは、何らかの原因による意識レベルの低下です。また普段いびきがないのに、大きないびきをかき、無呼吸があるのは異常な呼吸です。速やかに医療機関に搬送することが必要です。

呼吸困難

☑ **ここを確認 !!**

☐ 口の中や気道部分に食べ物や異物が詰まっていないか？

☐ 激しい胸痛や冷や汗、吐き気、発熱などの症状は出ていないか？

☐ 脈は正常か？　呼吸の乱れはどのようなパターンか？

☐ ゼーゼーという雑音まじりの呼吸音が聞こえるか？　咳や痰（せき・たん）が出ていないか？

☐ 唇（くちびる）や爪の色が変色していないか？

📋 事例をチェック ≫≫ **夜間に咳が出るとの訴えは、心不全の症状のひとつ「起座呼吸」だった事例**

ふだんは… 92歳の男性。10年前に軽い脳梗塞になったが、後遺症もなく日常生活は自立していた。毎日散歩をし、風邪をひくこともなかった。食事中に時々むせることはあったが、その他、特に問題はなかった。

その日は… 昼間いつものように過ごしていたが、会話の中で、「最近、夜寝ると、咳が止まらなくなるんだよ。」と言い出した。体温を測ると、36.2℃であり、そのとき、咳は出ていなかった。咳が出るのは、横になったときだけで、身体を起こすと咳は出なくなり、横になると苦しいと言う。このとき、普段の様子と変わりはなかったが、念のため病院を受診すると、心不全と診断された。

 ドクターからひとこと 心不全になると、肺のうっ血による呼吸困難がみられます。この事例のように、身体を横にすると呼吸困難が出現し、上体を起こすと楽になるという訴えは、起座呼吸という典型的な症状です。下肢などに浮腫（むくみ）が出ていることもあるので、同時に観察しましょう。

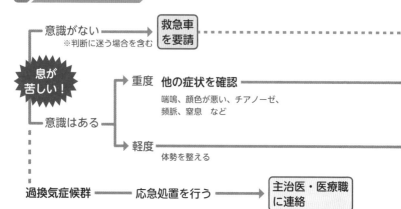

行動チャート

意識がない ──────→ 救急車を要請
※判断に迷う場合を含む

息が苦しい！

意識はある

重度　他の症状を確認
喘鳴、顔色が悪い、チアノーゼ、
頻脈、窒息　など

軽度
体勢を整える

過換気症候群 ──────→ 応急処置を行う ──────→ 主治医・医療職に連絡

呼吸の特徴

　正常な状態での呼吸は、1分間に16〜20回、1回の呼吸の換気量は500mℓ程度です。呼吸困難とは、「息が苦しい」という主観的な自覚症状のことです。

呼吸数の異常	無呼吸	10秒以上無呼吸が続く状態。速やかな人工呼吸などの処置が必要で、すぐに救急車を要請する
	徐呼吸	1分間の呼吸数が12回以下の状態。5回以下の場合には人工呼吸が必要になることもある
	頻呼吸	1分間の呼吸数が25回以上の状態。40回以上の場合には、人工呼吸が必要となる
呼吸の様子の異常	鼻翼呼吸	多くの空気を取り込もうと、呼吸時に鼻翼が張って鼻孔を広げながら呼吸をしている状態。気管支炎、肺炎、気胸などの疑いがある
	奇異呼吸	肺が吸気時に陥没し、呼気時に膨張する状態。胸部外傷でみられる
	陥没呼吸	吸気時に鎖骨や肋骨周辺が陥没する状態。上気道が閉塞している場合に起こる
	起座呼吸	寝た姿勢だと呼吸が苦しくなり、座った姿勢でいると少し楽になる状態。喘息発作時や心不全で起こる

救急車到着までの間、
一次救命処置を行う（➡P.127）
※呼吸状態を確認

| 救急車を要請 | 指示に従いバイタルチェックなどを行う |

| 主治医・医療職に連絡 | |

自分の判断で薬などを飲ませたり吸入したりしない

呼吸困難時の応急処置

○衣服を緩めたり、背中をさすったりしながら、本人が少しでも楽な姿勢をとらせる。
○声かけなどを行い、本人の気持ちを落ち着かせる。
○食べ物や異物を気道に詰まらせている場合、無理のない範囲で除去する（➡P.136）。
○意識混濁や無呼吸の状態がみられた場合、速やかに救急車を要請し、必要に応じて一次救命処置を行う。

呼吸パターンの異常	チェーンストークス呼吸	無呼吸→浅い呼吸→深い呼吸→無呼吸というパターンを繰り返す。脳卒中・脳腫瘍・尿毒症・末期がん・心疾患・中毒症状などが疑われる
	ビオー呼吸	無呼吸→深く早い呼吸を不規則に繰り返す状態

呼吸困難

過換気症候群

　過換気症候群は、大きなストレスなど、心因性の原因で起こります。頻呼吸を起こし、症状がひどい場合には、意識が混濁することもあります。10分程度で症状が軽減することが多く、生命の危険はありませんが、高齢者の場合、狭心症の発作につながる場合があります。

　発作が起こったときには、紙袋を口に当てて（少しすきまを空ける）、吐いた空気を再呼吸させるペーパーバッグ法が一般的です。発作の原因が心因性であることから、**背中をさすったり、安心させるような言葉をかけたりすること**が効果的です。

頭痛

行動チャート

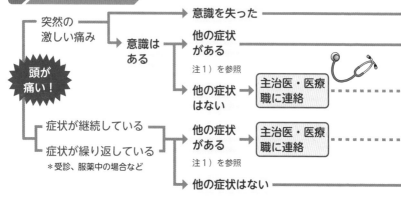

頭が痛い！

- 突然の激しい痛み
  - 意識を失った
  - 意識はある
    - 他の症状がある 注1）を参照
    - 他の症状はない → 主治医・医療職に連絡
- 症状が継続している
- 症状が繰り返している
  ＊受診、服薬中の場合など
  - 他の症状がある → 主治医・医療職に連絡 注1）を参照
  - 他の症状はない

注1）注意すべき「他の症状」とは…
　吐き気・嘔吐、発熱、目の痛み、意識が遠のく、ろれつが回らない、手足のしびれ、ふらつき、まっすぐに歩けないなど。

✓ ここを確認 !!

- [ ] 意識ははっきりしているか？
- [ ] 普段の頭痛とは明らかに違うか？
- [ ] 強烈な痛みか？　急に痛くなったのか？
- [ ] 物が二重に見えたり、はっきり見えなかったりするか？
- [ ] 麻痺やしびれ、痙攣などを起こしていないか？
- [ ] 意識はあるか？　うわごとをつぶやいたりしていないか？
- [ ] ろれつが回らなかったり、言葉が出てこなかったりするか？
- [ ] めまいや吐き気など他の症状がないか？

救急車を要請

救急車を要請

 自分の判断で薬などを飲ませない

- - - - - - - 連絡がつかない場合は - - ➡ 救急車を要請

- - - - - - - 連絡がつかない場合は - - ➡ 救急車を要請

➡ 様子をみる

頭痛時の応急処置

○衣服を緩め、あまり動かさないように注意しながら寝かせる。吐き気がある場合は横向きに寝かせる。

○意識状態、吐き気、麻痺、言語障害など、頭痛以外の症状の有無を確認する。

○失禁している場合でも、頭部を動かさないよう、無理に着替えさせない。

○麻痺がある場合は、麻痺側を上にする。

疾患別の痛みの特徴と他の症状

原因となる疾患ごとに、痛み方や痛みの現れ方に違いがあります。

疾患名	痛みの特徴	頭痛以外の症状
くも膜下出血	ハンマーで殴られたような強烈な痛み	意識障害・嘔吐
脳梗塞・脳内出血	頭が重く感じられる（痛みが出ない場合も多い）	片麻痺・言語障害・吐き気
脳腫瘍	締め付けられるような痛み	意識障害・視覚や聴覚異常・麻痺・吐き気
髄膜炎	頭痛に伴い、後頭部から首にかけて硬く固まる（項部硬直）	発熱・吐き気
慢性硬膜下血腫	頭部のけがなどから1〜3か月経ってからの痛み	意識障害・物忘れが急にひどくなる・吐き気
片頭痛	拍動に合わせてズキズキと痛む	目の痛み・吐き気
緊張性頭痛	後頭部から首すじにかけて、締め付けられるような痛みが続く	めまい・吐き気
群発頭痛	定期的に頭痛発作が続く時期があり、発作が起こると転げ回るほどの強烈な痛みが1〜2時間ほど続く	目の充血・鼻水

頭痛

症候性頭痛（二次性頭痛）と機能性頭痛（一次性頭痛）

頭痛は、大きく分けて症候性頭痛と機能性頭痛に分類できます。介護職が特に注意すべきなのは症候性頭痛であり、受診が必要です。

症候性頭痛	何らかの疾患が引き金となって起こる頭痛で、命の危険にかかわる疾患が原因になっている場合もあり、注意が必要	脳出血・脳梗塞・くも膜下出血・脳腫瘍・高血圧・髄膜炎・慢性硬膜下血腫　など
機能性頭痛	原因となる特定の疾患がないにもかかわらず、繰り返し発生する	片頭痛・緊張性頭痛・群発頭痛など

事例をチェック ▶▶▶ 降圧剤を内服しなかったため、脳出血を起こした事例

ふだんは… 68歳の女性。15年前から高血圧で、現在は降圧剤を朝と夜に内服していた。高血圧以外、特に大きな病気にかかったことはない。

その日は… 友人と温泉旅行に出かけた際、降圧剤を家に忘れてしまった。朝食後の薬は内服してきたため、1回くらい飲まなくても大丈夫だろうと思っていた。夕食後に友人と談笑していると、突然、「なんだか頭が痛い」と訴えた。その後、右手がしびれると言うが、はっきりしゃべることができず、ろれつが回らなくなってきた。すぐに救急車を呼び、病院を受診すると、脳出血を起こしていた。

ドクターからひとこと　降圧剤の飲み忘れによる血圧の上昇で、脳出血が起こることがあります。降圧剤は飲み忘れのないよう、普段から十分注意が必要です。また、頭痛の訴えでは、痛みの程度、発症の様子（突然の痛みか、慢性的な痛みか）、手足に力が入らない、しびれる、ろれつが回らないなど、普段との違いを把握し、救急隊員に伝えることが重要です。

胸痛

☑ ここを確認 !!

☐ 意識はしっかりしているか？
☐ 具体的にどのような痛みか？
　（例：針で刺されるような、締め付けられるような）
☐ 呼吸困難やチアノーゼによる唇（くちびる）の変色はあるか？
☐ 心臓病の既往症（きおうしょう）はないか？
☐ 急に痛くなったのか？　どのくらい痛みが続いているか？
☐ 胸のどの部分が痛いのか？
☐ 発熱や嘔吐（おうと）など、胸痛以外の症状がないか？

📋 事例をチェック ▶▶▶ 労作時の胸の圧迫感が、狭心症だった事例

ふだんは… 76歳の女性。糖尿病の既往があるが、自分で食事量を調整し、内服薬やインシュリンの投与は行っていなかった。趣味は家庭菜園で、庭に植えた野菜や花の手入れを毎日欠かさず行っている。

その日は… 朝、いつものように野菜や花の手入れをして、畑を耕していたら、胸が押されるような感じがした。最近、身体を動かしていると、時々このようなことがあるが、少し休むと症状はなくなるため、気にしていないという。しかし、念のため病院を受診したところ、狭心症と診断され、発作時に使用するニトログリセリンの舌下錠（ぜっかじょう）が処方された。

 ドクターからひとこと 狭心症の痛みというと、強い胸痛が典型的な症状ですが、高齢者の場合、痛みの感じ方や訴え方もさまざまであり、注意が必要です。胸が締め付けられるような痛みではなく、事例のように胸の圧迫感などの症状として訴えられることもあります。

胸痛

157

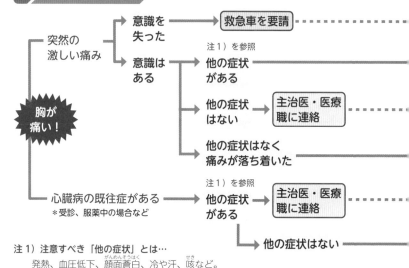

行動チャート

注1）注意すべき「他の症状」とは…
　　発熱、血圧低下、顔面蒼白、冷や汗、咳など。

疾患別の痛みの特徴や他の症状

原因となる疾患ごとに痛み方や痛みに伴う症状に違いがあります。

疾患名	痛みの特徴・伴う症状
肋間神経痛	身体をひねる、伸ばすといった動作時に痛みが出る
心臓神経症	日頃からストレスなどが多く安静時に痛む。胸を押すと痛みが強まる
肋骨骨折	咳がたくさん出た後に急に痛みだす。呼吸をすると痛みが強まる
心筋炎	風邪やインフルエンザ罹患後、数日～1週間後に痛み、息切れや倦怠感などを伴う
心膜炎	刃物で切られたような鋭い痛みが首や肩甲骨まで広がっている
心筋梗塞	突然冷や汗や吐き気を伴って激しく痛み、15分以上続く
狭心症	胸を締め付けられるような痛みが数分間ある
解離性大動脈瘤	胸だけではなく、首～腰、手足にかけて、激しい痛みが出る
自然気胸	激しい胸痛の他に、息苦しさを訴えたり、咳が出ている

救急車到着までの間、
一次救命処置を行う（➡ P.127）

救急車を要請

連絡がつかない場合は･･･➡ 救急車を要請

主治医・医療職に連絡　指示に従いバイタルチェックなどを行う

連絡がつかない場合は･･･➡ 救急車を要請

➡ 様子をみる 自分の判断で薬などを飲ませない

胸痛時の応急処置

○衣服を緩め、楽な姿勢をとらせる。
○意識や呼吸がなくなった場合、一次救命処置を行う（ＡＥＤがある場合には準備）。
○狭心症の持病があり、ニトログリセリンなどを処方されている場合には、医療職に連絡をとりながら対処する。

胸痛

ニトログリセリンについて

　狭心症の既往症がある場合、発作時に服用するためにニトログリセリンの舌下錠が処方されている場合があります。舌下錠は飲み込んでしまっては薬効が出ません。服薬の際に、口腔内が乾いているときは、水を一口飲んだ後、舌の下に薬を置きます。発作時に1錠、舌下で服用し、無効ならば2～3分間隔で服用します。3回服用しても無効な場合や、1日に何度も発作が起こる場合は、受診が必要です。

+Care　胸痛の原因が心筋梗塞や狭心症であった場合、第一発見者の素早い応急処置が救命の鍵となります。利用者に心臓疾患の既往症がある場合には、発作時の対処法や緊急時の服薬について、医療職に確認しておきましょう。

腹痛

行動チャート

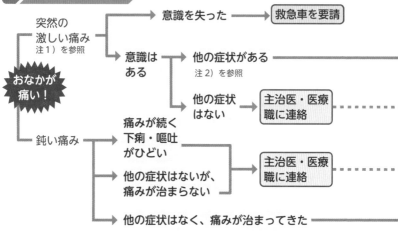

突然の
激しい痛み
注1）を参照

おなかが
痛い！

→ 意識を失った ──→ 救急車を要請

→ 意識は
ある

→ 他の症状がある
注2）を参照 ──────

他の症状
はない → 主治医・医療
職に連絡 ─────

鈍い痛み →

痛みが続く
下痢・嘔吐
がひどい

→ 他の症状はないが、
痛みが治まらない → 主治医・医療
職に連絡 ─────

→ 他の症状はなく、痛みが治まってきた ──────

注1）急な痛みで**緊急の処置を必要とする状態**を総称して**急性腹症**という。
注2）注意すべき「他の症状」とは…
　　　吐き気・嘔吐、下痢、発熱、口臭、冷や汗、吐血、下血、悪寒・戦慄、血尿、排尿痛、
　　　動悸など。

✓ ここを確認 !!

☐ 意識ははっきりしているか？
☐ 顔色や表情の変化はないか？
☐ 特異な口臭はないか？
☐ 吐いた場合、吐しゃ物に血液などが混じっていないか？
☐ 記録から見て、便秘や下痢、排尿障害はなかったか？
☐ 腹部のどのあたりを痛がっているか？

腹痛の原因となる一部の疾患では、温めることで症状が軽減する場合もありますが、介護職が疾患を特定することは難しいので、**自己判断で患部を温めたり、冷やしたりしない**よう注意が必要です。

→ 救急車を要請

- - - 連絡がつかない場合は - - → 救急車を要請

- - - 連絡がつかない場合は - - → 救急車を要請

主治医・医療職に連絡　指示を仰ぎ様子をみる

 自分の判断で薬などを飲ませない

腹痛時の応急処置

○急激な痛みとともに、意識混濁などの意識障害がある場合にはすぐに救急車を要請する。

○衣服を緩め、痛みが少しでも軽減される姿勢をとる（横向き〔側臥位〕または、仰向け〔仰臥位〕で両膝を立てる）。

○吐いた場合は吐しゃ物が気道に詰まらないように注意する。

腹痛

痛む場所と疾患、症状

　腹痛の発生原因はさまざまで、原因によって痛みを強く感じる部位が異なります。軽症の場合、痛みは一過性で、排便などで症状が改善される場合もありますが、中重度になると内科的処置だけではなく、外科的処置が必要な場合もあります。

痛みが発生している場所	疾患名	主な症状
上腹部中央 （みぞおち） ※心筋梗塞の痛みを「みぞおちが痛い」と訴える場合がある	胃炎	鈍い痛み。不快感
	胃潰瘍	食後2〜3時間後にチクチクと痛む
	十二指腸潰瘍	空腹時に刺すような痛み
	アニサキス症	刺身など生魚を食べた後に、急激に激しい痛みが出る
	潰瘍穿孔	突然ショック症状を起こすほど強い痛みに襲われる

161

痛みが発生している場所	疾患名	主な症状
右上腹部の痛み	胆石症・胆嚢炎	刺しこむような痛み。発熱や黄疸
右下腹部の痛み	虫垂炎	突然の激しい痛み。悪心、嘔吐、発熱
左右どちらかの下腹部の痛み	腎結石 尿路結石	刺しこむような痛み。血尿
腹部全体	急性大腸炎	痛みと一緒に下痢がある
	腸閉塞	突然の激しい痛み。悪心、嘔吐、おなかの張り
	急性汎発性腹膜炎	

📋 事例をチェック >>> いつもの軽い腹痛だと思っていたら腸閉塞だった事例

ふだんは… 75歳の女性。便秘がちで、時々腹痛を訴えることはあったが、マッサージや排便をすれば回復したため、受診したことはない。

その日は… 昼食後、突然腹痛を訴えた。周期的にキリキリと痛み、おなかが張っている感じ（腹部膨満感）だという。触ってみると、確かに膨れている。
そのうち、嘔吐するようになった。吐くと痛みが和らぐようだが、何度も繰り返すうちに吐しゃ物から便のような臭いがするようになった。いつもの腹痛とは明らかに違うため病院へ行き、受診したところ腸閉塞と診断された。

 ドクターからひとこと　高齢者は、腸の動きそのものが弱くなり、便秘でも腸閉塞を起こす場合があります。腸閉塞では、重症になると水分の吸収もできなくなり、脱水や感染、死亡することもあります。

嘔吐
おう と

✓ ここを確認!!

- [ ] 意識がはっきりしているか？
- [ ] 頭痛、腹痛、下痢、発熱など吐き気以外の症状はないか？
- [ ] 吐しゃ物の中に血が混じっていないか？
- [ ] 呼吸はしっかりしているか？
- [ ] 嘔吐をする前、転倒などにより頭を打っていないか？
- [ ] どのような状況で何回嘔吐したか？

事例をチェック >>> 風邪だと思っていたら、逆流性食道炎だった事例

ふだんは… 69歳の女性。加齢とともに円背が目立つようになってきた。ここしばらく咳が続き「風邪が長引いちゃって、咳だけが抜けないのよね」と市販の風邪薬を飲み続けている。

その日は… 訪問介護の記録によると、風邪薬を飲み始めてから1か月以上経っている。咳以外の症状を聞くと、食後には頻繁に吐き気があるという。辛いので横になりたいが、酸っぱいものがこみ上げてきて吐いてしまうので休まらない。念のため、受診を勧めたところ、胃内視鏡検査で、逆流性食道炎と診断された。

ドクターからひとこと 逆流性食道炎の原因となる胃液の逆流は、胃が圧迫され腹圧が上昇することによっても起こるため、高齢者で、腰が曲がっている場合（円背）にも起こりやすくなります。

また、喉の違和感や咳が続くこともあり、風邪や喘息の症状と間違いやすいので注意が必要です。

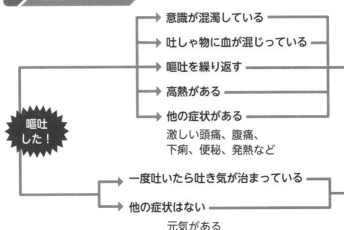

嘔吐以外の症状別の原因と疾患

　高齢者が嘔吐した場合、まず思い浮かぶ原因はノロウイルスに代表される**ウイルス感染**ですが、それ以外にも脳疾患や尿毒症など、**重篤な疾患の症状のひとつ**として嘔吐していることがあります。その場合には頭痛や腹痛など、嘔吐以外の症状が出ていることが多いので、注意深く観察することが大切です。

主な症状	疾患名
頭痛	脳梗塞　脳出血　脳腫瘍　髄膜炎　など
腹痛	腸閉塞　急性胃腸炎　胆石　腹膜炎　尿路結石　便秘　など
発熱	腹膜炎　胆嚢炎　など
めまい	メニエール病　中耳炎　など
胸痛	心筋梗塞　など

+Care　原因がノロウイルスに代表されるウイルス性疾患だった場合、吐しゃ物をきちんと処理しないと感染を蔓延させる可能性があります。注意しましょう。

自分の判断で薬などを飲ませない

 救急車
を要請

※無理のない範囲で
着替えなどを行う

 主治医・医療職
に連絡

指示に従い、バイタル
チェックなどを行う

嘔吐時の応急処置

○衣服を緩め、右側を
下にした横向きに寝
かせる。
○口の中に吐しゃ物が
ある場合にはうがい
をさせたり、手で取
り出す。義歯をして
いる場合には外す。
○洗面器などを準備し、
我慢させずに吐かせ
る。
○臭いで吐き気を催す
ことがあるため、速
やかに換気をする。

嘔吐

吐しゃ物を処理する際の注意
（ウイルス性疾患の場合）

・処理を行う際には必ず**マスクとビニール手袋**を使用する。
・吐しゃ物が乾燥するとウイルスが飛散しやすくなるため、速やかに処理をする。
・使用したペーパータオルなどは、ビニール袋に入れて、**口をしっかりと閉じる**。
・吐しゃ物が付着した場所は**専用の消毒液**（または塩素系漂白剤を薄めたもの）を染み込ませたペーパータオルで浸すように拭く。塩素系漂白剤が使えない場所の場合には高温のスチームアイロンで1分間加熱し、使用したアイロンを塩素系漂白剤で拭く。
・処理をした後は**換気**を行い、しっかりと手を洗う。

しびれ

意識がない ─────────────────────┐
                              ├──→ 救急車
意識が混濁している・ぼんやりしている ──┘   を要請 ┄┄┄

**しびれが
ある！**

意識はある ── 他の症状を ──┬──→ **麻痺・痛みがある**
（特に問題なし） 確認   └──→ **呼吸の状態が悪い**
                        └──→ **他の症状はない**

 場所が「首から上」、「（左右）片側」の場合、脳障害の可能性
大。症状が治まっても必ず報告し、医療につなげること

✓ ここを確認!!

☐ 意識や呼吸はあるか？
☐ 話はできるか、ろれつは回っているか？
☐ 頭痛、めまい、吐き気などを訴えていないか？
☐ 身体のどの部分がしびれているか？
☐ いつからなのか？　始めよりひどくなっていないか？
☐ しびれが起こる前に薬を飲んだか？

しびれの種類

　しびれは右の表の3種類に分類されます。これらは、どれか1つが
出る場合もあれば、複合的に出る場合もあります。

　しびれを伴う疾患は内科的なものから整形外科的なものまで、非常
に多岐にわたります。その中で一番注意しなければいけないのが、脳
梗塞や脳出血といった**脳障害の発症**が原因のしびれで、右表のような
麻痺の症状がみられる場合には、直ちに救急車を要請します。

救急車
到着までの間

○しびれているほうを上にして回復体位（➡ P.135）にする。呼吸状態にも十分注意する。

救急車を要請

救急車
到着までの間

○意識がある場合、利用者が楽な姿勢で安静にする（転倒のおそれがあるため、なるべく動かさない）。

主治医・医療職に連絡

しびれ

感覚鈍麻（どんま）・感覚消失
しびれている部位の感覚が鈍くなり、痛みや熱さなども感じられない

運動麻痺
筋肉に力が入らなくなり、動きづらい、または動かない

異常感覚
安静にしているときでもジンジンしたり、チクチクしたりする感覚がある

しびれの応急処置

○なるべく身体、特に頭部を動かさないようにし、ボタンやベルトなど、身体を締め付けているものを緩める。眼鏡や入れ歯は、外す。

○嘔吐（おうと）などの症状がある場合には、しびれている側を上にして回復体位にする。このとき枕などは使用せず、なるべく頭と身体が平行になるように寝かせる。

○室温を高めに設定し、必要に応じて電気毛布やあんかを使用して温める。

+Care　一過性脳虚血発作（いっかせいのうきょけつほっさ）では、神経症状（しびれ）が突然現れ、しばらくして何事もなかったように消えてしまいます。「治った」と思い、放置してしまいがちですが、脳梗塞や心筋梗塞（しんきんこうそく）の前兆の可能性があります。必ず受診を勧めましょう。

脳障害が原因のしびれの特徴

・しびれの症状が**突然**現れる。

・身体の**左右どちらかの半身のみ**にしびれが出ている。

・症状が**首から上にだけ**出ている（口の周りがしびれてろれつが回らないなど）。

・持っていた箸やペンを急にポロリと落とす。

・触れたときに、手袋の上から触れているような感じがする。

・あわせて頭痛や嘔吐がある。

 事例をチェック >>> 適切な観察から早期に医療へつながった事例

ふだんは… 68歳の女性。独居。新規で訪問介護サービスの利用を開始したところ。

その日は… 片足を引きずりながら歩く様子にヘルパーが気づき、尋ねると、少し前から片足にしびれと痛みがあると言う。最初は軽いしびれだけだったが、次第に痛みも出てきて、動かしにくくなってきたようである。受診したところ、腰部脊柱管狭窄症と診断され、入院となった。

 ドクターからひとこと しびれの症状は、神経の異常により起こります。その原因は脳から末梢神経まで幅広く、全身の病気が隠れていることもあります。自覚症状が軽い場合、病院に行くほどではないと自己判断し、重症化してしまうことも多いため注意が必要です。

発熱

✓ ここを確認 !!

☐ 顔色や食欲、意識状態など全身の状態に普段と大きな変化が
ないか?

☐ 呼吸が浅い、喘鳴（ぜんめい）が聞こえるなど、呼吸に異常はないか?

☐ 腹痛や頭痛など、発熱以外の症状を訴えていないか?

☐ 血圧など、体温以外のバイタルに大きな変化はないか?

事例をチェック >>> 発熱は認められなかったが肺炎だった事例

ふだんは… 80歳の女性。独居。近所に娘夫婦が住んでいるが、共働き
のため、平日は一人で過ごしている。持病はないが、足腰が弱くなっ
てきたため、家事支援のための訪問介護サービスを利用している。

その日は… 鼻水が出て、喉の違和感を訴えていた。体温を測ったとこ
ろ36.5℃だった。特に高熱とも思えなかったため、風邪のひき始めだ
ろうと自宅で様子をみることにし、ヘルパーは通常どおりの家事支援
を終えて帰った。

翌日、自宅でぐったりしているところを訪ねてきた娘が発見。救急
車で病院へ搬送された。体温は36.7℃で、咳や痰の症状もなかったが、
胸部X線検査の結果、肺炎と診断され入院となった。

**ドクターから
ひとこと** 高齢になると発熱しにくい場合があります。日
頃の体温と比べて1℃以上上昇した場合は、発
熱と考えたほうがよいでしょう。

65歳以上の肺炎による死亡率は90%以上を占めます。しかし、
生理機能の低下によって、咳・痰・発熱等の典型的な症状が現れ
ず、気づきにくいため注意が必要です。

行動チャート

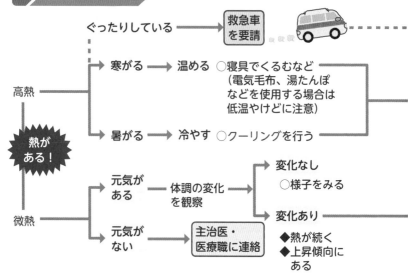

```
                        ぐったりしている ──→ 救急車
                                              を要請

                ┌→ 寒がる ──→ 温める  ○寝具でくるむなど
                │                        （電気毛布、湯たんぽ
高熱            │                         などを使用する場合は
                │                         低温やけどに注意）
 熱が           │
 ある！         │
                └→ 暑がる ──→ 冷やす  ○クーリングを行う


                ┌→ 元気が ──→ 体調の変化 ──→ 変化なし
                │  ある       を観察          ○様子をみる
微熱            │
                │                             変化あり ──
                └→ 元気が ──→ 主治医・
                   ない       医療職に連絡    ◆熱が続く
                                              ◆上昇傾向に
                                               ある
```

高齢者の発熱

　高齢になると若年層に比べて発熱しにくく、肺炎など重大な疾患が発症してもあまり高熱を発しないことがあります（無熱性肺炎）。そのため微熱であっても**いつもと比べて**元気や食欲がない、日頃と比べて少し様子がおかしい、微熱がいつまでも続く、といった場合には注意する必要があります。

　高齢者の発熱の原因として多いのは、脱水や尿路感染、肺炎、気管支炎などの感染症です。その他に、褥瘡が原因となって発熱する場合や、体温調節が上手くできずに発熱する場合もあります。

救急車到着までの間
○悪寒がなければクーリングを行う
○寒がる場合は毛布などで身体をくるむ

主治医・医療職に連絡

主治医・医療職に連絡 | 主治医の指示に従って応急処置を行う

 自分の判断で解熱剤などを飲ませない

何度までは平熱？

一日の内では、起床時は低く、次第に上昇し、夕方に高くなる傾向があります。この一日の変動は、1℃以内が正常です。また、体温は飲食や運動、入浴などの影響でも変動します。一般的に高齢者は、若年層に比べ体温が低くなります。個人差もあるので、その人の健康時の体温プラス1℃前後が目安です。

発熱時の応急処置

体温上昇期で悪寒があり、震えている場合

室温を高めに設定し、必要に応じて電気毛布やあんかを使用して温める（低温やけどに注意）。

熱が上がって38.5℃以上の発熱がある場合や、熱中症の場合

頸部、腋の下、太ももの付け根（鼠径部）など、太い動脈が走っている部位に保冷剤や冷却剤を当てて放熱を助けるクーリングを行う。

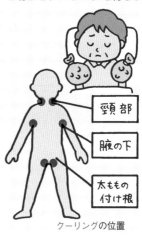

頸部
腋の下
太ももの付け根

クーリングの位置

発熱

 +Care
脱水症状を起こしている場合にも発熱するため、スポーツドリンクなどをこまめに補給するようにしましょう。

下血

げ けつ

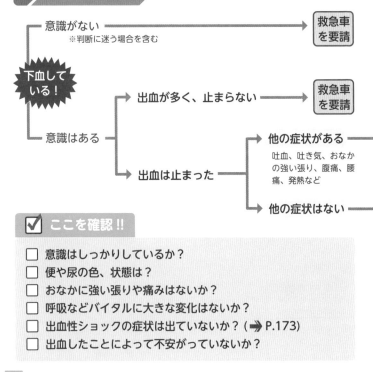

下血して
いる！

意識がない
※判断に迷う場合を含む
→ 救急車を要請

意識はある

出血が多く、止まらない
→ 救急車を要請

出血は止まった

他の症状がある
吐血、吐き気、おなか
の強い張り、腹痛、腰
痛、発熱など

他の症状はない

✓ ここを確認!!

- ☐ 意識はしっかりしているか？
- ☐ 便や尿の色、状態は？
- ☐ おなかに強い張りや痛みはないか？
- ☐ 呼吸などバイタルに大きな変化はないか？
- ☐ 出血性ショックの症状は出ていないか？（➡ P.173）
- ☐ 出血したことによって不安がっていないか？

+Care　下血とともに腹痛を訴えている場合には、**医療職の指示**があるまで
自己判断で水分の補給などを行わないようにします。

下血とは

下血とは、食道や胃、十二指腸や小腸、大腸などの**消化器官のいずれ
かから出血**し、それが肛門から排出されたものと、痔が原因となって
肛門から出血する2つのタイプに分類できます。出血量が多いと、出
血が原因で貧血や意識消失につながります。

172

下血時の応急処置

○衣服を緩める。
○嘔吐や吐血を伴う場合には、吐いた血や吐しゃ物が気道に詰まらないように顔を横向きにして寝かせ、すっきりするまで背中をさすりながら吐かせる。
○意識がない場合や出血性ショックの症状（注1）が出ている場合には、速やかに救急車を要請する。
○寒気などを訴える場合には、毛布などで保温する。

| 救急車を要請 |
| 吐血や他の症状に注意 |

| 主治医・医療職に連絡 |

便の状態別の考えられる疾患

便の色など	特徴	疾患名
黒色便・タール便	コールタールのような暗い黒色の便	上部消化管出血、小腸の潰瘍、小腸憩室炎 など
粘血便	鮮やかな色の血液が表面に付着、または排便とともに出血している、便と血液が混じっている	痔、大腸がん、大腸憩室炎、潰瘍性大腸炎 など

※注1）
注意すべき
「出血性ショックの症状」とは…
　顔面蒼白、皮膚温の低下、
　脈拍数の増加（頻脈）、
　冷や汗、血圧低下　など

下血

【下血の原因となる主な疾患】
　胃潰瘍、大腸ポリープ、大腸がん、小腸、大腸の炎症、感染性腸炎、潰瘍性大腸炎、クローン病などの炎症性腸疾患・痔など。

転倒・転落

行動チャート

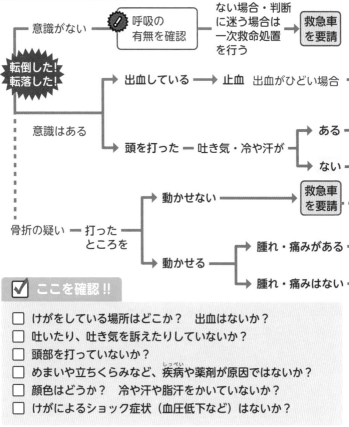

転倒した！転落した！

- 意識がない → 🖊 呼吸の有無を確認 → ない場合・判断に迷う場合は一次救命処置を行う → **救急車を要請**

- 意識はある
  - 出血している → 止血 出血がひどい場合 ─
  - 頭を打った ─ 吐き気・冷や汗が
    - ある ─
    - ない ─

- 骨折の疑い ─ 打ったところを
  - 動かせない → **救急車を要請** ┈┈┈
  - 動かせる
    - 腫れ・痛みがある ─
    - 腫れ・痛みはない ─

☑ ここを確認 !!

- ☐ けがをしている場所はどこか？　出血はないか？
- ☐ 吐いたり、吐き気を訴えたりしていないか？
- ☐ 頭部を打っていないか？
- ☐ めまいや立ちくらみなど、疾病や薬剤が原因ではないか？
- ☐ 顔色はどうか？　冷や汗や脂汗をかいていないか？
- ☐ けがによるショック症状（血圧低下など）はないか？

+Care　高齢者が転倒、転落したときには、強い痛みを訴えなくても骨折している場合があります。　**頭や首を動かさないように注意**しながら安静な姿勢をとり、吐き気がある場合には、側臥位にして、**吐しゃ物が気道を塞がないよう注意**します。数日経ってから症状が出る場合があるので**注意**しましょう。

出血時の応急処置

直接圧迫止血法

出血部位を心臓より高く上げ、清潔なガーゼかタオルで覆い、直接両手で圧迫する。感染予防のため、ビニール手袋(またはビニール袋等)を使用する。

間接圧迫止血法

直接圧迫止血法の準備をする間や直接圧迫止血法を行えない場合の応急処置。直接圧迫止血法を始めたら中止する。

出血部位よりも心臓に近い位置にある止血点を、手や指で圧迫する。

救急車を要請 →

救急車を要請 →

→ 主治医・医療職に連絡

腫れ・痛みがある場合は冷やす ---→

冷やす → 主治医・医療職に連絡

→ 様子をみる

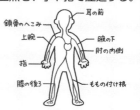

耳の前
鎖骨のへこみ
上腕
脇の下
肘の内側
指
膝の後3
ももの付け根

意識を失い、呼吸をしていない場合 (判断に迷う場合を含む)

直ちに一次救命処置を行います。

骨折をしている場合

激しい痛みを訴えて冷や汗が出ている、腫れがひどく触れると痛むときには骨折が疑われます。骨折部位が変形している場合、無理に元に戻さないようにしましょう。

また、高齢者はバランス感覚の低下、あるいは骨粗鬆症の影響などから、軽いしりもちや座り込んだだけに見えても、骨折している場合があるため、注意しましょう。

窒息

行動チャート

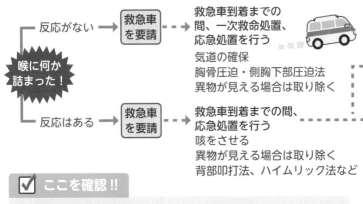

喉に何か
詰まった！

反応がない → 救急車を要請 --→ 救急車到着までの間、一次救命処置、応急処置を行う
気道の確保
胸骨圧迫・側胸下部圧迫法
異物が見える場合は取り除く

反応はある → 救急車を要請 --→ 救急車到着までの間、応急処置を行う
咳をさせる
異物が見える場合は取り除く
背部叩打法、ハイムリック法など

☑ ここを確認‼

- ☐ 反応（意識）はあるか？
- ☐ 咳ができるか？
- ☐ 声は出るか？
- ☐ 口の中に異物が詰まっていないか？
- ☐ 首や喉元を押さえたり、かきむしるような動作をしたりしていないか？
- ☐ 顔色や唇の色が紫色に変色してチアノーゼを起こしていないか？

嚥下能力の衰えによる窒息

　加齢に伴って嚥下能力が衰えてくるため、高齢者の窒息の原因としてもっとも多いのが、食事中に食べ物を喉に詰まらせることによって起こる気道の閉塞です。

　食べ物が気道に詰まると、まずは咳き込みが始まり、次に自分の喉を親指と人差し指でつかむように挟む**チョーキングサイン**（窒息サイン）を出します。もし、意識があり、咳が出ている状態であれば、なるべく強く咳をさせます。これだけで気道に詰まっていた食べ物が吐き出される場合があります。

+Care 掃除機を使って吸引する方法は推奨されていません。最近は異物除去専用のノズルが販売されていますので、やむを得ず使う場合にはこうしたものを活用しましょう。

- - - - ➡ 異物が取れた場合 主治医・医療職に連絡

異物が取れず、
- - - - ➡ ぐったりして反応がなくなった場合、
しんぱい そ せい
心肺蘇生を行う

窒息時の応急処置

ハイムリック法（腹部突き上げ法）

背後に回って腋（わき）の下から手を入れ、片手で握り拳をつくってみぞおちの下に当て、その手をもう一方の手で握り、そのままの姿勢で腕を手前上方に引くようにして腹部を突き上げる。

背部叩打法（はいぶこうだほう）

手のひらで、背中の肩甲骨（けんこうこつ）の間を強く素早く何度も叩く。

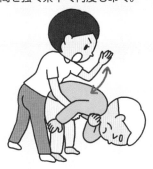

指で取り出す

片方の手で口を開け、もう片方の手指に清潔なガーゼや脱脂綿などを巻きつけて異物を取り出す（異物が見える場合のみ）。

※ハイムリック法を実施すると、内臓をいためる可能性があるため、実施したら救急隊員に必ず伝える。
異物が除去できた場合も、速やかに受診してもらう。

窒息

溺水
でき すい

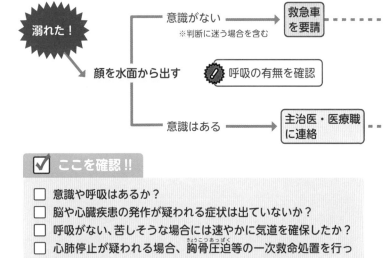

呼吸を確認

溺れた！

意識がない → 救急車を要請
※判断に迷う場合を含む

顔を水面から出す　🖊 呼吸の有無を確認

意識はある → 主治医・医療職に連絡

✓ ここを確認 !!

- ☐ 意識や呼吸はあるか？
- ☐ 脳や心臓疾患の発作が疑われる症状は出ていないか？
- ☐ 呼吸がない、苦しそうな場合には速やかに気道を確保したか？
- ☐ 心肺停止が疑われる場合、胸骨圧迫等の一次救命処置を行ったか？
- ☐ AEDがある場合、速やかに使用する準備を整えたか？

高齢者に多い浴槽での溺水

溺水とは、気道に水などが入って閉塞し、窒息している状況を指します。高齢者の溺水で最も多い事例は、入浴中に急に具合が悪くなって浴槽の中で溺れるというものです。

入浴中に具合が悪くなる原因として、**血圧の変動**が挙げられます。**急激な温度変化による血圧上昇**は、脳出血を起こす危険性を高めます。また、**のぼせや脱水症状による意識消失**、浴槽への出入りの際に滑ったり、めまいを起こしたりして**転倒する可能性**にも注意が必要です。

脱衣所や浴室を温めておく、湯温はぬるめにする、長時間浸からないようにするなどの配慮をするとよいでしょう。

+Care 口の中に水が溜まっている状態の場合には横向きにして流れ出るようにします。肺に入った水は自然と吸収されていくため、**無理に吐かせる必要はありません。**

- - - - - → 救急車到着までの間、一次救命処置（➡ P.127）を行う

気道の確保
胸骨圧迫
人工呼吸

- - - - - → タオルや毛布で保温
気道を確保

溺水時の応急処置

水面から頭部を出す

一人で浴槽から出すのが難しい場合は、お風呂の水を腰のあたりまで抜く（全部抜くと浮力が働かなくなるため）。浴槽から引き上げたら横向きに寝かせ、気道を確保して毛布などでくるんで保温する。

心肺蘇生（しんぱいそせい）

心肺停止が疑われる場合には、心肺蘇生（➡P.127）を行う。感染症のリスクがなく、人工呼吸を行う技術があれば、胸骨圧迫30回＋人工呼吸２回というリズ

意識と呼吸の有無を確認

耳元に向かって最初は普通の声で、反応がなければ大声で名前などをよんで意識の確認をする。反応がない場合は、肩の部分を軽く叩く。

呼吸の有無は胸とおなかの動きか、顔を口元に近づけて息を頬（ほお）で感じて確認する。呼吸の有無の確認は、10秒以内で行う。

ムで処置を行い、処置中に意識が回復したら中断する（医療職や救急車が到着したら、必ず処置時間を報告する）。

※AEDを使用する場合は、タオルなどでよく拭いてから、電極パッドを貼り付ける。

溺水

179

やけど

行動チャート

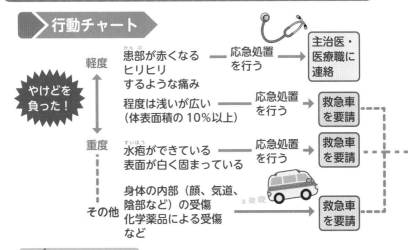

やけどを
負った！

軽度　患部が赤くなる　　　　応急処置　→　主治医・
　　　ヒリヒリ　　　　　　　　を行う　　　　医療職に
　　　するような痛み　　　　　　　　　　　　連絡

　　　程度は浅いが広い　　　応急処置　→　救急車
　　　（体表面積の10%以上）　を行う　　　　を要請

重度　水疱ができている　　　応急処置　→　救急車
　　　表面が白く固まっている　を行う　　　　を要請

その他　身体の内部（顔、気道、
　　　　陰部など）の受傷　　　　　　　→　救急車
　　　　化学薬品による受傷　　　　　　　　　を要請
　　　　など

✓ ここを確認!!

- ☐ やけどをした部位に水疱ができているか？
- ☐ 痛みはどのくらい強いか？
- ☐ やけどの範囲が本人の手のひらの10倍以上か？
- ☐ 身体の表面だけではなく、身体の内部（気道など）にやけど
  を負っている可能性があるか？
- ☐ 低温やけどの可能性はあるか？

やけどの重症度／面積

　高齢者の場合、身体の**表面積の10～15%以上**にやけどを負うと、生命の危険があるとされています。

　やけどの程度を見分けるのに、やけどの範囲を本人の手のひらの大きさと比べる方法があります。**手のひらの大きさを1としたときの10を体表の約10%**とし、それ以上の場合には、やけどの程度がⅠ度であったとしても速やかに救急車を要請します。

　低温やけどでは、軽度に見えてもやけどの程度がひどい場合があります。自分で判断せず、必ず医療職に連絡をしましょう。

主治医の指示に従って
応急処置を行う

 自分の判断で薬などを
塗らない

救急車到着までの間
○患部を冷やす
○身体全体を保温する
○呼びかけながら様子
　を観察する

※呼吸していない場合には
　心肺蘇生を行う

やけどの重症度／深さ

程度	見た目の症状
Ⅰ度	皮膚が赤くなる・ヒリヒリするような痛み・うずくような痛み
Ⅱa度	皮膚が赤くなったうえに水疱ができる（破れて皮がめくれる場合もある）・より強い痛み
Ⅱb度	水疱のほか、潰瘍状のものができる
Ⅲ度	受傷部は白くなったり、焦げてしまい、組織が壊死してしまう。知覚神経が破壊されてしまうので痛みは感じない

やけどの応急処置

患部を冷やす（手足のやけど、やけどの面積が狭いとき）

水道水やシャワーで痛みが和らぐまで、患部を十分に冷やす。このとき、患部に直接水流が当たらないように注意する。

患部を冷やす（顔のやけどや背中など面積が広いとき）

患部にバスタオルなどを置き、その上からシャワーなどで水をかける。低体温にならないように注意する（10分以上冷やさない）。

衣類の上からのやけどの場合には、無理に脱がさず服の上から冷やす。

患部を滅菌ガーゼで覆う

水疱ができている場合には、破かないように患部を滅菌ガーゼや清潔なタオルで軽く覆い、受診してもらう。

やけど

 +Care

初期対応は「冷やすこと」ですが、患部以外が冷えてしまわないような配慮が必要です。

人体各部の名称

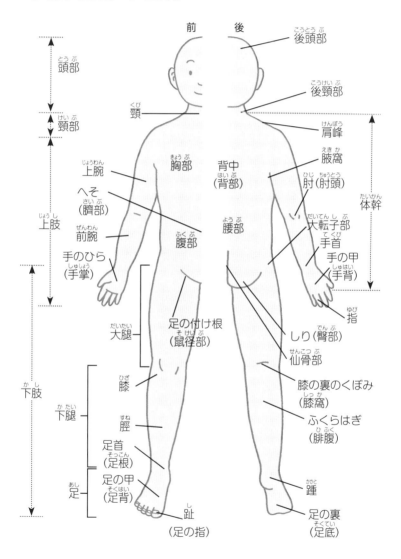

前　　後

頭部（とうぶ）
頸部（けいぶ）
上肢（じょうし）
下肢（かし）

後頭部（こうとうぶ）
後頸部（こうけいぶ）
肩峰（けんぽう）
腋窩（えきか）
肘（肘頭）（ひじ ちゅうとう）
体幹（たいかん）
大転子部（だいてんしぶ）
手首（てくび）
手の甲（手背）（しゅはい）
指（ゆび）
しり（臀部）（でんぶ）
仙骨部（せんこつぶ）
膝の裏のくぼみ（膝窩）（しっか）
ふくらはぎ（腓腹）（ひふく）
踵（かかと）
足の裏（足底）（そくてい）

頸（くび）
上腕（じょうわん）
へそ（臍部）（さいぶ）
前腕（ぜんわん）
手のひら（手掌）（しゅしょう）
胸部（きょうぶ）
背中（背部）（はいぶ）
腰部（ようぶ）
腹部（ふくぶ）
足の付け根（鼠径部）（そけいぶ）
大腿（だいたい）
膝（ひざ）
下腿（かたい）
脛（すね）
足首（足根）（そっこん）
足の甲（足背）（そくはい）
足（あし）
趾（し）（足の指）

筋肉各部の名称

前　　　後

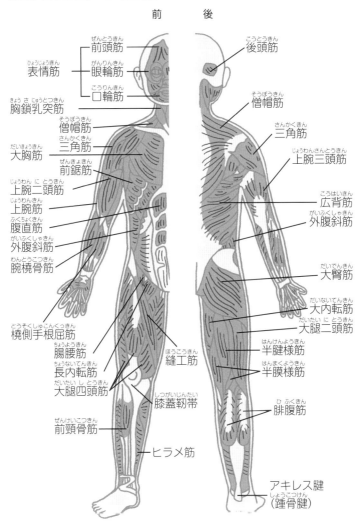

前頭筋（ぜんとうきん）
眼輪筋（がんりんきん）
口輪筋（こうりんきん）
表情筋（ひょうじょうきん）
胸鎖乳突筋（きょうさにゅうとつきん）
僧帽筋（そうぼうきん）
三角筋（さんかくきん）
大胸筋（だいきょうきん）
前鋸筋（ぜんきょきん）
上腕二頭筋（じょうわんにとうきん）
上腕筋（じょうわんきん）
腹直筋（ふくちょくきん）
外腹斜筋（がいふくしゃきん）
腕橈骨筋（わんとうこつきん）
橈側手根屈筋（とうそくしゅこんくっきん）
腸腰筋（ちょうようきん）
長内転筋（ちょうないてんきん）
大腿四頭筋（だいたいしとうきん）
縫工筋（ほうこうきん）
膝蓋靭帯（しつがいじんたい）
前頸骨筋（ぜんけいこつきん）
ヒラメ筋

後頭筋（こうとうきん）
僧帽筋（そうぼうきん）
三角筋（さんかくきん）
上腕三頭筋（じょうわんさんとうきん）
広背筋（こうはいきん）
外腹斜筋（がいふくしゃきん）
大臀筋（だいでんきん）
大内転筋（だいないてんきん）
大腿二頭筋（だいたいにとうきん）
半腱様筋（はんけんようきん）
半膜様筋（はんまくようきん）
腓腹筋（ひふくきん）
アキレス腱（踵骨腱）（しょうこつけん）

人体の基礎知識

骨格各部の名称

前　後

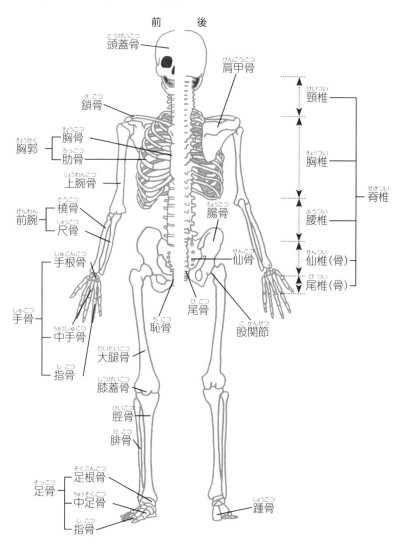

頭蓋骨（とうがいこつ）

肩甲骨（けんこうこつ）

鎖骨（さこつ）

胸郭（きょうかく）
　胸骨（きょうこつ）
　肋骨（ろっこつ）

上腕骨（じょうわんこつ）

前腕（ぜんわん）
　橈骨（とうこつ）
　尺骨（しゃくこつ）

手根骨（しゅこんこつ）

手骨（しゅこつ）
　中手骨（ちゅうしゅこつ）
　指骨（しこつ）

腸骨（ちょうこつ）

仙骨（せんこつ）

尾骨（びこつ）

恥骨（ちこつ）

股関節（こかんせつ）

大腿骨（だいたいこつ）

膝蓋骨（しつがいこつ）

脛骨（けいこつ）

腓骨（ひこつ）

足骨（そっこつ）
　足根骨（そくこんこつ）
　中足骨（ちゅうそくこつ）
　指骨（しこつ）

踵骨（しょうこつ）

頸椎（けいつい）

胸椎（きょうつい）

腰椎（ようつい）

仙椎（骨）（せんつい）

尾椎（骨）（びつい）

脊椎（せきつい）

184

中枢神経各部の名称

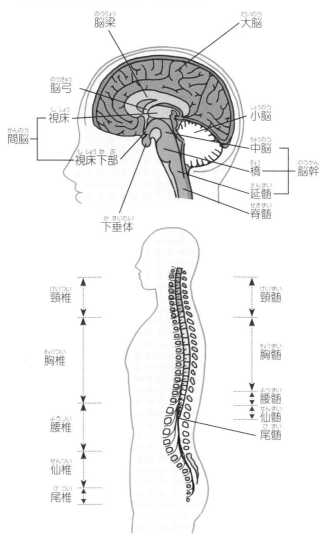

脳梁

大脳

脳弓

視床

間脳

視床下部

小脳

中脳

橋 ┃ 脳幹

延髄

脊髄

下垂体

頸椎

胸椎

腰椎

仙椎

尾椎

頸髄

胸髄

腰髄

仙髄

尾髄

人体の基礎知識

眼・耳各部の名称

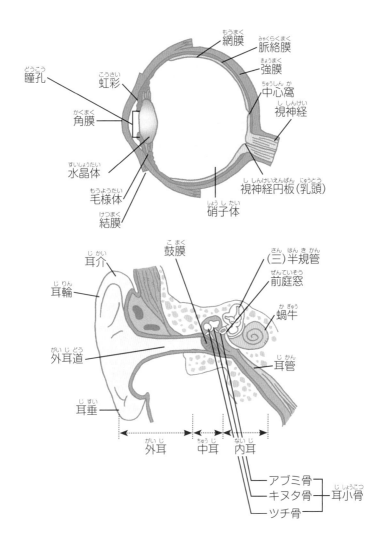

瞳孔

虹彩

角膜

水晶体

毛様体

結膜

網膜

脈絡膜

強膜

中心窩

視神経

硝子体

視神経円板（乳頭）

耳介

耳輪

鼓膜

（三）半規管

前庭窓

蝸牛

外耳道

耳管

耳垂

外耳

中耳

内耳

アブミ骨

キヌタ骨　耳小骨

ツチ骨

循環器のしくみと名称

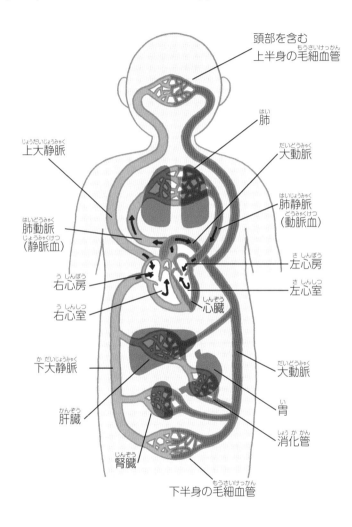

頭部を含む
上半身の毛細血管

肺

上大静脈

大動脈

肺静脈
（動脈血）

肺動脈
（静脈血）

左心房

右心房

左心室

右心室

心臓

下大静脈

大動脈

肝臓

胃

腎臓

消化管

下半身の毛細血管

人体の基礎知識

187

呼吸器のしくみと名称

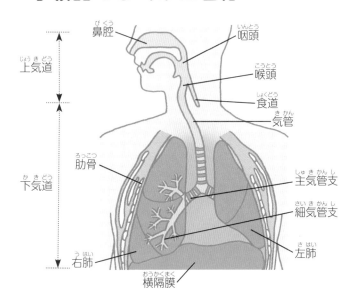

鼻腔（びくう）
咽頭（いんとう）
上気道（じょうきどう）
喉頭（こうとう）
食道（しょくどう）
気管（きかん）
肋骨（ろっこつ）
下気道（かきどう）
主気管支（しゅきかんし）
細気管支（さいきかんし）
右肺（うはい）
左肺（さはい）
横隔膜（おうかくまく）

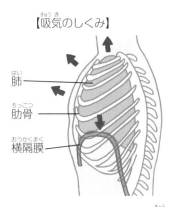

【吸気のしくみ】（きゅうき）

肺（はい）
肋骨（ろっこつ）
横隔膜（おうかくまく）

横隔膜が下がり（縮み）、胸郭（きょうかく）が前方に拡張して肺が広がり空気が入る。

【呼気のしくみ】（こき）

横隔膜が持ち上がり（緩み）、胸郭が縮小して肺が収縮し、空気が外へ出る。

消化器各部の名称

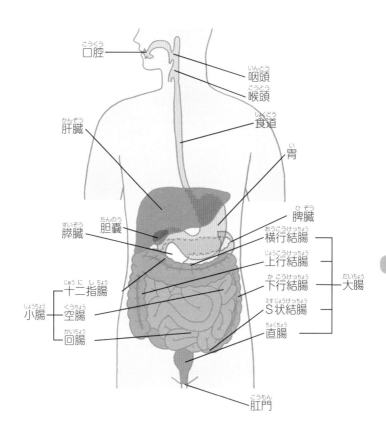

口腔（こうくう）
咽頭（いんとう）
喉頭（こうとう）
食道（しょくどう）
胃（い）
肝臓（かんぞう）
脾臓（ひぞう）
胆嚢（たんのう）
膵臓（すいぞう）
横行結腸（おうこうけっちょう）
上行結腸（じょうこうけっちょう）
下行結腸（かこうけっちょう）
S状結腸（えすじょうけっちょう）
直腸（ちょくちょう）
十二指腸（じゅうにしちょう）
小腸（しょうちょう）
空腸（くうちょう）
回腸（かいちょう）
大腸（だいちょう）
肛門（こうもん）

人体の基礎知識

立位
りつい

まっすぐ立った姿勢

端座位
たんざい

ベッドなどの端に腰かけて足を
床に下ろし、足底が床について
いる姿勢

椅座位
いざい

いすに腰かけた姿勢

長座位
ちょうざい

上半身を90°起こし両足を前に
伸ばして座っている姿勢

仰臥位 ぎょうがい　仰向けの姿勢

側臥位 そくがい　身体を横向きにして寝た姿勢

腹臥位 ふくがい　うつぶせの姿勢

半座位 はんざい
①ファーラー位…上半身を45°起こした姿勢
②セミファーラー位…上半身を15～30°ほど起こした姿勢

①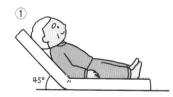
②

介護の体位

経管栄養のしくみと留意点

経管栄養とは、チューブなどの管を用いて胃などへ直接栄養を送る方法です。何らかの原因により食べ物の咀しゃく（かむ）や嚥下（飲み込む）が困難な場合に、**医師の指示で行います**。

経鼻経管栄養法

片方の鼻腔から胃まで管を挿入し、流動食などの栄養や水分を補給する方法。

胃ろう経管栄養法

腹壁と胃にろう孔とよばれる穴を開け、チューブを留置して栄養や水分を補給する方法。

空腸（腸ろう）経管栄養法

空腸（小腸の一部分）の上部にろう孔とよばれる穴を開け、チューブを留置して栄養や水分を補給する方法。

中心静脈栄養法

鎖骨下にある静脈もしくは足の付け根にある静脈にカテーテルを留置して、栄養や水分を補給する方法。ＩＶＨともよばれる。

日常のケアの注意点

- ●ろう孔の周囲は、ぬるま湯を浸したガーゼや綿棒で拭いて乾燥させ、清潔を保ちます。
- ●経口摂取をしない場合も、口腔ケアを行い、口腔内を清潔に保ちます。
- ●ろう孔周辺またはチューブ穿刺部に次のような変化がみられた場合には、主治医または医療職に連絡しましょう。
  - ・赤く熱感がある　　・腫れている　　・膿みが出ている

+Care　一定の指導と研修を受け、認定を受けた介護職員等には、**経管栄養**（胃ろう、腸ろう、経鼻経管栄養）の実施が認められています（➡P.197）。

胃ろうのしくみと留意点

　胃ろうは経管栄養のひとつです。状態が回復して経口摂取が可能になれば、胃ろうを使わずに口から食べてもよく、後で胃ろうを塞ぐこともできます。

　胃ろうに用いる栄養剤には、多くの栄養分がバランスよく配合されていますが、ミネラル分が不足することがあります。医師や看護師、管理栄養士と連携を図りながら栄養管理をすることが大切です。

　また、栄養剤を注入する速度が速すぎたり、濃度が適切でなかったりする場合には、腹痛や下痢などの原因となります。慎重に操作しましょう。

【胃ろうの断面図】

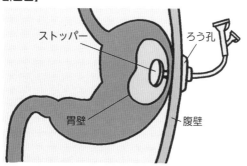

ストッパー　　　　　　　ろう孔

胃壁　　　　　　　　腹壁

【胃ろうの主な形状】

ボタン型バンパー

チューブ型バンパー

ボタン型バルーン

チューブ型バルーン

医療的ケアの基礎知識

喀痰吸引のしくみと留意点

喀痰吸引とは、自力で唾を飲み込むことや排痰（痰の排出）ができない方に対し、吸引器を用いて、口腔や鼻腔、気管カニューレ（➡P.195）内に溜まった唾液や鼻汁、痰をチューブで吸引して排出させる方法です。

【家庭用吸引器（一例）】

痰の吸引は、想像以上に痛みや苦しさを伴います。以下の点に注意し手早く慎重に行いましょう。

●吸引時は低酸素状態になるため、1回 10 ～ 15 秒以下にします。
●体内に直接チューブを入れるため、汚染した手や器具は、感染に直結します。
●気管粘膜は非常にデリケートです。損傷による出血や感染、吸引の刺激による呼吸状態の悪化や嘔吐などにも注意が必要です。

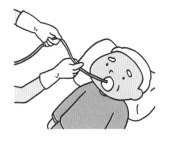
【口腔内の吸引】

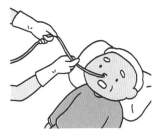
【鼻腔内の吸引】

+Care　厚生労働省による一定の指導と研修を修了し、認定を受けた介護職員等には、吸引器による**痰の吸引**を行うことが認められています（➡P.197）。

気管カニューレのしくみと留意点

　気管カニューレとは、自発呼吸や排痰が困難な方等に対し、気管を切開し、そこにカニューレとよばれる管を通して気道を確保するものです。慢性の呼吸器疾患や長期にわたる意識障害、あるいは重度の脳血管障害の後遺症などの場合に使われます。

【気管カニューレ内の吸引】

【気管カニューレのしくみ】

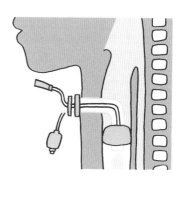

　気管カニューレを装着している際には、以下のような点に注意しましょう。また、介護職は、認められている介助行為の範囲を把握して介護を行いましょう。

●気管カニューレを装着すると発声ができなくなります。会話の方法としては、音声バルブの使用や筆談などがあります。筆談する場合には、紙と筆記具を取りやすい位置に用意しておきましょう。

●気管カニューレは、医師が定期的に交換します。

●気管は通常、無菌状態になっています。使用する器具の衛生および自身の手指の清潔には、十分な注意が必要です。

●スムーズに吸引できるよう、室内の湿度を十分に保ちましょう。

●利用者が触れるなど、カニューレに負担がかからないようしっかりと観察と見守りを行います。

膀胱留置カテーテルの しくみと留意点

　膀胱留置カテーテルとは、膀胱内にカテーテルを挿入して留置し、膀胱内に溜まった尿を排出させる方法です。排出した尿は、蓄尿バッグに溜めます。

【膀胱留置カテーテルのしくみ】

　男性の場合　　　　　　　　女性の場合

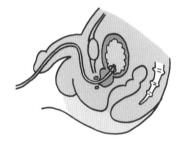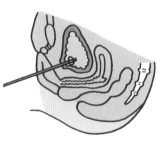

日常のケアの注意点

- ●雑菌の繁殖や皮膚のかぶれを防ぐため、尿道口や周囲を清潔に保ちます。
- ●蓄尿バッグが膀胱の位置より高いと尿が逆流するので、フックにかける場合や移動時には、注意が必要です。
- ●次のような変化がみられた場合には、主治医または医療職に連絡します。
  - ・普段より尿量が少ない　　・尿漏れがある
  - ・尿の色が普段と違う　　　・尿が濁っている
  - ・浮遊物がある　　　　　　・カテーテルが抜けた
  - ・固定しているテープがはがれた

介護職に認められている行為等

介護職が認められている医行為

◆痰の吸引（口腔内、鼻腔内および気管カニューレ内）＊

◆経管栄養（胃ろう、腸ろう、経鼻経管栄養）＊

＊実施できるのは、厚生労働省による一定の指導と研修を受け、都道府県知事から認定を受けた介護職員等（本人または家族の同意を得、医師の文書による指示を受けており、また、担当医や看護師の定期的な訪問や連携がなされている場合などのみ）

介護職が認められている医療外の行為

◆水銀式体温計・電子体温計による腋下での体温計測および耳式電子体温計による外耳道での体温測定

◆自動血圧測定器による血圧の測定

◆入院治療の不要者（新生児以外）に対するパルスオキシメーターの装着

◆軽微な切り傷、擦り傷、やけど等で専門的な判断や技術を必要としない処置（汚れたガーゼなどの交換処置を含む）

◆皮膚への軟膏の塗布★（褥瘡の処置を除く）

◆一包化された内用薬の内服★（舌下錠の使用も含む）

◆爪切り、爪ヤスリによるやすりがけ

（爪や、その周囲の皮膚に化膿や炎症がない、糖尿病等の疾患に伴う専門的な管理が必要でない場合）

◆歯ブラシや綿棒などを用いた歯、口腔粘膜、舌の汚れの除去

（重度の歯周病等がない場合）

◆ストーマのパウチに溜まった排泄物の処分（肌に接着したパウチの取り替えは除く）

◆自己導尿カテーテルの準備、体位の保持

◆ディスポーザブルグリセリン浣腸を用いた浣腸

（挿入部の長さが5～6cm程度以内、グリセリン濃度50％、成人用の場合で40g程度以下の場合）

◆皮膚への湿布の貼付★

◆点眼薬の点眼★

◆肛門からの坐薬挿入★

◆鼻腔粘膜への薬剤噴霧★

◆耳垢（耳垢塞栓を除く）の除去

★は、①患者の状態が安定していること、②副作用や投薬量の調整のための経過観察が不要なこと、③当該医薬品の使用方法そのものに専門的な配慮が必要でないこと、の3点を医療職が確認し、医療免許資格者でない者による医薬品の使用介助ができることを本人または家族に伝えている場合に、服薬指導・保健指導・助言を遵守した使用の介助ができる場合

医療的ケアの基礎知識

基本情報①

ご利用者氏名　　　　　　　　　　　様

ふりがな氏名		性別	男・女

生年月日	明治　大正　昭和　平成	年　　　月　　　日

住所	〒　　－

☎自宅		☎携帯	

身長	cm	体重	kg

血液型	A　　B　　O　　AB　／　RH＋　・　RH−

要支援・要介護度	要支援 1・2　　要介護 1・2・3・4・5

持病	無　・　有（　　　　　　　　　　　　　　）

かかりつけ医	☎

訪問看護ステーション	☎

基本情報②　　ご利用者氏名　　　　　　　様

身体に関する情報

視力	□日常生活に支障なし □はっきり見えない □ほとんど見えない	聴力	□日常生活に支障なし □かなり大きい声のみ □ほとんど聴こえない
意思の伝達	□支障なく伝達できる □ときどき伝達できる □ほとんど伝達できない	言語	□日常生活に支障なし □ややはっきりしない □ほとんど話せない

ADLなど日常生活に関する情報

歩行	□自立 □見守り □一部介助 □全介助	衣類の着脱	□自立 □見守り □一部介助 □全介助	食事	□自立 □見守り □一部介助 □全介助
入浴	□自立 □見守り □一部介助 □全介助	服薬	□自立 □見守り □一部援助 □全介助	バランス	□安定 □何かにつかまれば □悪い
排泄	□自立 □見守り □一部介助 □全介助	尿失禁	□なし □あり（ときどき） □あり（いつも）	便失禁	□なし □あり（ときどき） □あり（いつも）
排泄用具	□不使用 □ポータブルトイレ □おむつ □採尿器・自動排泄処理装置 □留置カテーテル		移動のための用具	□不使用 □杖 □歩行器 □車いす	

情報カード

緊急時の連絡先

ご利用者氏名 　　　　　　　　　様

緊急連絡先①

ふりがな 氏 名		続柄	
住 所	〒　　　－		
☎ 自宅		☎ 携帯	

緊急連絡先②

ふりがな 氏 名		続柄	
住 所	〒　　　－		
☎ 自宅		☎ 携帯	

通院先の病院

病院名	
住所等	〒　　　－　　　　　　　　　　☎　　（　　　）
担当医	疾患名

服薬情報

ご利用者氏名	様

※お薬手帳を持っている場合、詳細は手帳の記録を参照します。

現在服用している薬	無・有 ( )
疾患名	
薬局名・☎	☎　　（　　）
医療機関名・☎	☎　　（　　）
アレルギー歴【食べ物】	無・有 ( )
アレルギー歴【　薬　】	無・有 ( )
副作用歴	無・有 ( )

主な既往歴

□アレルギー性疾患　（　　　　　　　　　　　　　）
□肝疾患　（　　　　　　　　　　　　　　　　　　）
□心疾患　（　　　　　　　　　　　　　　　　　　）
□腎疾患　（　　　　　　　　　　　　　　　　　　）
□消化器疾患　（　　　　　　　　　　　　　　　　）
□その他　（　　　　　　　　　　　　　　　　　　）

情報カード

※急変時にチェックすべきポイントをメモしておきましょう。
救急隊員に慌てずに必要事項を伝えることができます。

救急隊員に伝えることリスト①

ご利用者氏名　　　　　様

ふりがな
氏　名

性別　男・女

年齢　　　歳

急変の内容

【発生・発見時間】

【場所】

【急変時の状態】

【主な症状】本人の訴え・観察した様子

現在の状況　（注）無理に測る必要はありません。

【呼吸】	【脈拍】	【血圧】	【体温】
有・無	有・無		
回／分	回／分	／	℃

連絡

【家族】　済・未

氏名：

連絡先：

【主治医】　済・未

病院名／医師名：

連絡先：

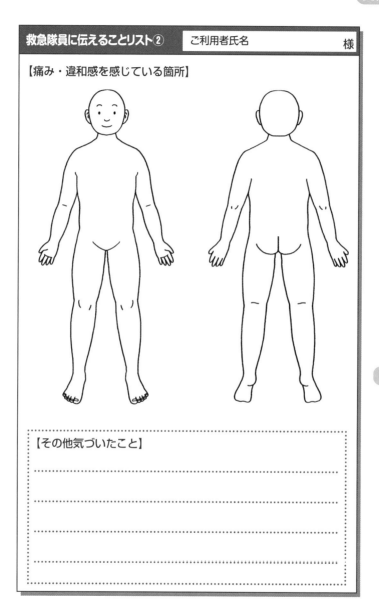

救急隊員に伝えることリスト② ご利用者氏名 様

【痛み・違和感を感じている箇所】

【その他気づいたこと】

正誤等の情報につきましては、下記「ユーキャンの本」ウェブサイトで
ご覧いただけます。
https://www.u-can.co.jp/book/information

装　　　丁	林偉志夫（IH_Design）
本文デザイン	次葉
イ ラ ス ト	寺崎愛
編 集 協 力	松尾晃・早坂美佐緒（株式会社 東京コア）
企 画 編 集	株式会社 ユーキャン

現場で役立つ！ 介護技術＆急変時対応の知識

2021年5月17日　初　版　第1刷発行
2024年1月31日　初　版　第3刷発行

監修者	前川美智子
編　者	ユーキャン介護職のための介護技術研究会
発行者	品川泰一
発行所	株式会社 ユーキャン 学び出版
	〒151-0053 東京都渋谷区代々木1-11-1
	Tel 03-3378-2226
編　集	株式会社 東京コア
組　版	次葉
発売元	株式会社 自由国民社
	〒171-0033 東京都豊島区高田3-10-11
	Tel 03-6233-0781（営業部）

印刷・製本　シナノ書籍印刷株式会社

※落丁・乱丁その他不良の品がありましたらお取り替えいたします。お買い
　求めの書店か自由国民社営業部（Tel 03-6233-0781）へお申し出ください。
Ⓒ U-CAN, Inc. 2021　Printed in Japan　ISBN978-4-426-61323-5
本書の全部または一部を無断で複写複製（コピー）することは，著作権法上の例
外を除き，禁じられています。